TÉCNICAS Y PROCEDIMIENTOS PROFESIONALES (I)

Aspectos Operativos en el Desarrollo de las Funciones del Personal de Seguridad.

Indalecio S. Santana,
Orlando R. Socorro

Copyright © 2022 Indalecio S. Santana & Orlando R. Socorro
Todos los derechos reservados.
ISBN: 9798833543832

NORMATIVA REGULADORA

La información que a continuación se expone está basada en las disposiciones generales que el Ministerio de Empleo y Seguridad Social dispone en su Real Decreto 548/2014, de 27 de junio, por el que se establecen cinco certificados de profesionalidad de la familia profesional Seguridad y medio ambiente que se incluyen en el Repertorio Nacional de certificados de profesionalidad, y se actualizan dos certificados de profesionalidad de la familia profesional Informática y comunicaciones establecidos en el Real Decreto 1531/2011, de 31 de octubre y en el Real Decreto 686/2011, de 13 de mayo, modificados por el Real Decreto 628/2013, de 2 de agosto.

Dichos certificados de profesionalidad tienen carácter oficial y validez en todo el territorio nacional y no constituyen una regulación del ejercicio profesional.

Vigilancia, Seguridad privada y Protección de explosivos.

- **Código:** SEAD0212.
- **Familia profesional:** Seguridad y Medio Ambiente.
- **Área profesional:** Seguridad y Prevención.
- **Nivel de cualificación profesional:** 2
- **Cualificación profesional de referencia:**

SEA029_2 Vigilancia y Seguridad Privada (RD 295/2004 del 20 de febrero).

CONTENIDO

	Prologo	7
	FUNDAMENTOS DE SEGURIDAD	
1	Fundamentos de Seguridad:	9
1.1	Planes de Emergencias y Evacuación.	9
1.1.1	Concepto.	10
1.1.2	Clases.	10
1.1.3	El Control de Personas y Objetos.	12
1.1.3.a	El Control de Acceso.	12
1.1.3.b	Definición.	12
1.1.3.c	Finalidad-Organización.	13
1.1.3.d	Implantación.	14
1.1.3.e	Funciones.	14
1.1.3.f	Medios.	15
1.1.3.g	Procedimientos de Actuación.	20
1.1.4	Paquetería y Correspondencia.	25
1.1.4.a	Riesgos en la Correspondencia.	26
1.1.4.b	Medidas de Prevención.	26
1.1.4.c	Identificación de Paquetes Sospechosos.	29
1.1.4.d	En caso de recibir un paquete sospechosos.	30
1.1.5	Control y Requisa de Vehículos.	30
1.1.5.a	Requisa.	31
1.1.5.b	Soporte Legal de Actuación.	31
1.1.5.c	Requisas Diferentes.	32
1.1.6	Control y Requisa de Vehículos.	32
1.1.6.a	Puntos de requisas de vehículos.	33
1.1.6.b	Descarga del vehículo.	33
1.1.6.c	En caso de negativa del conductor/ocupantes.	34
1.1.6.d	Puntos de requisa móviles.	34
1.1.6.e	Criterios para seleccionar el lugar del punto de Revisión móvil.	35
1.1.6.f	Material mínimo para utilizar dentro de un punto Móvil de revisión de vehículos.	35
1.1.6.g	Estructura de un punto móvil de registros de vehículos.	36
1.1.7	Procedimiento de actuación de un punto móvil de control y registro de vehículos.	36
1.1.7.a	Procedimiento en ambos casos.	37
1.1.7.b	Procedimiento Estándar de actuación.	38
1.1.7.c	Funciones en un punto de registro y control de vehículo.	38
1.1.8	Revisión del Vehículos.	39
1.1.8.a	Vehículo abandonado en la zona.	39
1.1.8.b	Aparición de un coche bomba.	39
1.1.8.c	Vehículo Sospechoso con conductor.	40
1.1.8.d	Tipos de Registro de vehículos.	41
1.1.8.e	Orden de Registro.	41
1.1.9	Partes del vehículo que debemos revisar.	41
1.1.9.a	Extremo frontal o compartimento del motor.	41
1.2	La Protección ante artefactos explosivos.	44
1.2.1	En caso de recibir un paquete sospechoso.	45

1.2.2	En caso de amenaza de bomba.	46
1.2.3	¿Quién suele realizar los avisos de bomba?	46
1.2.4	Cómo reaccionar ante una amenaza de bomba.	49
1.2.5	Actuación ante amenaza de colocación de	49
	Artefacto explosivo.	49
1.2.5.a	Antes del aviso de bomba.	49
1.2.5.b	Durante el aviso de bomba.	50
1.2.5.c	Después del aviso de bomba.	53
1.2.5.d	Objetivo de la búsqueda.	55
1.2.6	Evacuación de la instalación o evento.	56
1.2.6.a	Evaluación de la situación.	56
1.2.7	Colaboración con las FFCCS.	58
1.3	El Sistema Integral de Seguridad (SIS).	59
1.3.1	Plan Integral de Seguridad (PIS).	59
1.3.2	Medios de protección.	60
1.3.2.a	Medios humanos.	60
1.3.2.b	Medios técnicos.	60
1.3.2.c	Intervención.	62
1.3.3	Teoría esférica de la Seguridad.	62
1.3.4	Teoría de los Círculos Concéntricos.	63
1.3.5	Normalmente se establecen tres círculos.	63
1.3.5.a	Primer círculo.	63
1.3.5.b	Segundo circulo.	64
1.3.5.c	Tercer circulo.	64
1.3.6	Zonas y áreas de seguridad.	64
1.3.6.a	Espacio a proteger.	64
1.4	La Autoprotección.	66
1.4.1	Técnicas y procedimientos de autoprotección.	66
1.4.2	¿Qué es y para qué sirven...?	66
1.4.3	Personal de Seguridad Privada.	67
1.4.3.a	Misión básica.	67
1.4.3.b	Obligación.	67
1.4.4	Factores de Riego.	67
1.4.4.a	Nuestra integridad jurídica.	67
1.4.4.b	Nuestra integridad económica.	68
1.4.4.c	Nuestra integridad física.	68
1.4.4.d	Nuestra integridad psicológica.	69
1.4.5	Medidas activas.	70
1.4.6	Medidas pasivas.	70
1.4.6.a	EPI: Equipo de Protección Defensiva (EPD).	71
1.4.7	Autoprotección en el trabajo.	71
1.4.7.a	En el Puesto de Servicio.	71
1.4.7.b	En los Accesos (entradas y salidas).	72
1.4.7.c	Respecto a la correspondencia.	72
1.4.7.d	En relación con su vehículo.	73
1.4.7.e	En el domicilio.	74
1.4.7.f	En los desplazamientos.	75
1.4.8	En otros lugares y circunstancias.	75
1.5	Prevención de riesgos laborales.	78
1.5.1	Normativa básica.	78
1.5.2	Participación de los empresarios y trabajadores.	82
1.5.3	Derechos y obligaciones.	84
1.5.3.a	Derecho de los trabajadores.	84
1.5.3.b	Obligaciones de los trabajadores.	85
1.5.3.c	Obligaciones de los empresarios en materia de PRL.	86

1.5.4	Obligaciones del empresario.	88
1.5.5	Formación.	88
1.5.6	Consulta y participación de los trabajadores.	86
1.5.7	Derechos de participación y representación.	90
1.5.7.a	Delegados de Prevención; ¿Quiénes son?	90
1.5.7.b	Designación de Delegados de Prevención.	90
1.5.7.c	Competencias de los Delegados de Prevención.	91
1.5.7.d	Facultades de los Delegados de Prevención.	91
1.5.8	Comité de Seguridad y Salud.	92

PROTECCIÓN DE FONDOS Y OBJETOS VALIOSOS

2	Protección de Fondos y Objetos Valiosos.	96
2.1	Normativa específica.	96
2.1.1	Ley 5/2.014 de 4 de abril de Seguridad Privada.	96
2.1.2	Objeto.	97
2.1.3	RD 2.364/94 Reglamento de Seguridad Privada.	97
2.1.4	Orden INT314/2011 de 1 de febrero.	99
2.1.5	Convenio Nacional de Empresas de Seguridad.	121
2.1.6	Vigilantes de seguridad para el Transporte de Fondos.	122
2.2	La Protección de fondos, valores y objetos valiosos.	126
2.2.1	Distribución de la Instalación.	126
2.3	Precámara (antecámara); Función de "Recuento y Clasificación" de fondos.	128
2.3.1	Funciones de la Precámara.	128
2.3.2	Cámaras Acorazadas.	128
2.4	Funciones de los Vigilantes de Seguridad de Transporte de Fondos.	131
2.4.1	Funciones específicas y Reglas del servicio en Las diferentes fases.	132
2.4.2	Medidas antes de iniciar el servicio.	132
2.4.3	Medidas al iniciar el servicio.	133
2.4.4	Medidas durante el servicio.	134
2.4.5	Medidas al finalizar el servicio.	139
2.5	Medios materiales y técnicos.	140
2.5.1	Distintivos del vehículo blindado.	140
2.5.2	Características generales.	140
2.5.3	División del vehículo en tres compartimentos.	142
2.5.4	Los blindajes del vehículo.	144
2.5.5	Medios de comunicación.	146
2.5.6	Técnicas de conducción.	147
2.5.7	Técnicas de conducción ofensiva.	152
2.6	Armamento.	155
2.6.1	Porte de armas.	155
2.6.2	Características de las armas autorizadas.	157
2.6.3	Actuación de la delincuencia sobre estos transportes.	166
2.6.4	Grupos terroristas.	167
2.6.5	Robo en centros de depósitos y asaltos a vehículos de transportes.	168
2.7	La conducta humana ante situaciones de emergencia.	170
2.7.1	Principales factores psicofisiológicos.	170
2.7.2	Otros factores psicofisiológicos que intervienen en las Reacciones ante situaciones críticas.	171
2.7.3	Comportamiento del vigilante ante un atraco.	171

PROLOGO

Estamos comprometido con el fortalecimiento de la seguridad pública y privada.

En la construcción de las condiciones propicias para elevar la calidad profesional de los hombre y mujeres que forman parte de la seguridad privada y avanzar en nuestro camino hacia el desarrollo profesional sostenible, los coautores del presente MANUAL sobre "Técnicas y Procedimientos Profesionales en la Protección de Personas, Instalaciones y Bienes" han desplegado intensos esfuerzos a través de cada uno de sus capítulos dedicados a las diversas especialidades y/o servicios que desempeña el sector de la seguridad privada, como complemento de la seguridad pública.

Indalecio S. Santana & Orlando R. Socorro

Unidad Didáctica

1 Fundamentos de Seguridad.

Llamamos fundamentos de seguridad a los principios que deberán de tomarse en cuenta y que permitirán alcanzar los niveles de seguridad necesario en aquellas instalaciones, eventos y personas, objeto de protección.

Todos los fundamentos de seguridad persiguen un objetivo primordial, la "protección" de esas instalaciones, eventos y personas, de los riesgos que les atenaza.

Un ente puede tener muchas razones para establecer y mantener programas de seguridad, el objetivo es disponer de un plan definitivo para hacer frente a las principales emergencias. Es un elemento importante de los programas de seguridad.

La carencia de un plan de emergencia puede llevar a pérdidas serias tales como casualidades múltiples, pérdida de vidas y de bienes, así como un más que posible colapso financiero de la organización.

1.1 Planes de emergencia y evacuación.

El plan de emergencia deriva del artículo 20 de la Ley 31/1995, de 8 de noviembre, de Prevención de Riesgos Laborales. El responsable de la instalación, o evento "deberá analizar las situaciones de emergencia que puedan presentarse en su entorno y adoptar las medidas necesarias en respecto a la lucha contra incendios, evacuación de los trabajadores y usuarios, además del material de primeros auxilios".

Para ello, el personal de seguridad y los trabajadores deberán contar con la formación necesaria y disponer del material adecuado para actuar de manera organizada y eficaz ante estas situaciones. Asimismo, se tendrá que comprobar periódicamente el correcto funcionamiento del plan de emergencia.

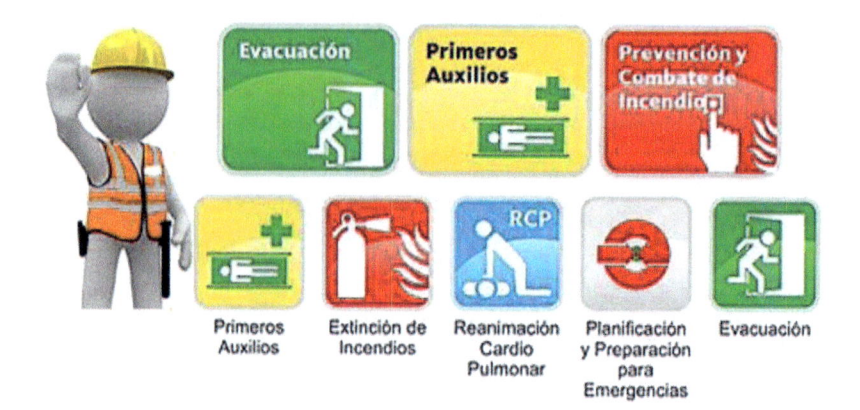

1.1.2 Concepto.

Un plan de emergencia es un documento en el que se recoge el conjunto de medidas de protección y prevención ya previstas que tienen la finalidad de evitar accidentes en el entorno laboral. En él se involucran todos los directivos y empleados de la empresa, ya que debe tratarse de una serie de acciones coordinadas para reducir costes humanos o materiales antes, durante y después de una emergencia.

1.1.3 Clases.

Plan de emergencia y Plan de autoprotección: Aunque en muchas ocasiones se empleen distintos términos para referirse a situaciones similares, en realidad estos conceptos provienen de legislaciones distintas. Es por ello que se hace importante aclarar a qué debemos atenernos.

1.1.3.a Plan de emergencia:

La **Ley de Prevención de Riesgos Laborales** no concreta ningún criterio específico que se deba aplicar a la hora de redactar el contenido en el plan.

A diferencia del plan de autoprotección, el plan de emergencias no necesita ser registrado administrativamente.

Tan solo se debe revisar cuando se identifiquen situaciones de emergencia o haya cambios físicos, técnicos y de personal en el espacio de trabajo. Ahora bien, el plan de emergencia debe ser aplicado a todas las empresas con trabajadores contratados por cuenta ajena.

Por su parte, un plan de autoprotección está vinculado al Real Decreto

393/2007, **de 23 de marzo**, con el que se aprobó la Norma Básica de Autoprotección (NBA) **en los establecimientos en los que se realicen actividades que puedan dar lugar a situaciones de emergencia.**

1.1.3.b Plan de autoprotección:

Por su parte, un plan de autoprotección está vinculado al Real Decreto 393/2007, de 23 de marzo, con el que se aprobó la Norma Básica de Autoprotección (NBA) en los establecimientos en los que se realicen actividades que puedan dar lugar a situaciones de emergencia. Es decir, tan solo deben realizarlo las empresas que realicen las actividades que en el RD 393/2007 se especifican.

En este caso, para realizar un Plan de Autoprotección todo el personal directivo, mandos intermedios y trabajadores de la organización deben participar en su implantación. Es decir, todos deben disponer de la información y formación necesaria para saber qué actuaciones y qué protocolo seguir en caso de emergencias en el trabajo.

OBJETIVO:

diseñados para dar una respuesta adecuada a situaciones de emergencias de forma que se minimicen los daños a bienes y especialmente a las personas".

RECUERDA:

Diferencias entre plan de emergencia y autoprotección

- Planes de emergencia:
  - Ministerio del Trabajo.
  - Artículo 20 Ley Orgánica de Prevención de Riesgos Laborales.
- Planes de autoprotección:
  - Ministerio del Interior. Dirección General de Protección Civil.
  - Real Decreto 393/2007 por el que se aprueba la Norma Básica de Autoprotección.

1.1.4 El control de personal y objetos:

El control de personas por parte de los profesionales de la seguridad privada es una función típica y regulada por ley en aquellos espacios y eventos debidamente autorizados. Se trata de la comprobación, inspección y fiscalización, por medios técnicos y humanos, del paso o circulación de personas, vehículos u objetos.

1.1.4.a El Control de Accesos.

El Control de Accesos es uno de los apartados de mayor relevancia en Seguridad Privada, tanto por la importancia que tiene, en sí, la detección de la intrusión –**riesgo que da pie a otros posteriores**– como por la oferta y demanda comerciales de este apartado de seguridad.

La intrusión, por sí sola, no es un riesgo, dado que nadie comete intrusión por el mero hecho de penetrar en un recinto, sin ninguna intención de llevar a cabo amenazas posteriores como por ejemplo **actos antisociales, delictivos, provocación de accidentes, etc.**

En la actualidad, el mercado presenta sistemas de control de accesos de alto nivel de sofisticación y de gran fiabilidad, destinados a discriminar la entrada sin demasiadas complicaciones ni demoras.

1.1.4.b Definición de Control de Acceso.

Se puede definir el control de accesos como "**la comprobación, inspección y fiscalización, por medios técnicos y humanos, de la entrada, salida y estancia de personas, vehículos u objetos a una zona clasificada como área protegida**".

Es el "**primer eslabón de la seguridad, ya que atiende a la prevención y protección de personas y bienes relacionados como objeto de protección**".

En el **control de accesos** intervienen tanto las normas y procedimientos de actuación, como los medios técnicos y humanos del sistema de control como la actividad propia del sistema y los efectos derivados de esta actividad.

- **Factores que afectan a la actividad:**
    - El primer factor que incide en esta actividad de seguridad es el económico, ya que del montante del que se disponga permitirá optar por unos medios más o menos sofisticados.
    - El segundo factor lo componen las medidas de organización del establecimiento en el que se implante el control de acceso, con la flexibilidad que se determine en el cumplimiento de la identificación.
    - Por último, es muy relevante el tipo de instalación en el que se implante, la lógica indica que habrá de ser mucho más significativo en aquellos lugares en los que exista un mayor nivel de riesgo, como pueden ser centros oficiales e instituciones públicas.

- La '**canalización arquitectónica:**

    Las barreras naturales, es el medio más elemental de asegurar y controlar el acceso de personas. Se trata, en definitiva, del empleo de medios constructivos que obliguen físicamente a seguir un itinerario determinado y pasar por una o más puertas concretas, donde se habrán ubicado otros medios de control.

1.1.4.c Finalidad. Organización.

La finalidad principal del control de accesos es conseguir, mediante la identificación, **el control de paso a las zonas protegidas de personas, vehículos u objetos, impidiendo, en su caso, el acceso a lo que no esté autorizado.**

De esta finalidad surgen otros conceptos, como:

- **Flujo de personas**, en horarios determinados.

    Dato válido para la elaboración de nuevos planes de seguridad, reforzando las zonas que sean precisas.

- Conocimiento de los intentos de intrusión en un servicio determinado.

1.1.4.d Implantación de un control de accesos.

Para la implantación de un control de accesos es necesario efectuar previamente una evaluación de riesgos, habiendo tenido en cuenta datos como:

- Número y ubicación de cada control
- Exteriores, interiores, restringidos.
- Medios humanos y materiales.

Con los que contará cada uno de ellos, con arreglo a sus necesidades, proporcionales a los riesgos que soportan. Lógicamente, en zonas de menor flujo y que cuenten con barreras naturales, habrá que destinar medios menores.

- **Niveles de flujo:**
  - **Niveles de acceso permitidos.**

    Se pueden establecer los controles seleccionando a las personas, vehículos y objetos que podrán acceder por un control determinado.

  - **Normas de actuación.**

    Funcionamiento del sistema y normas de control. Elementos básicos para el funcionamiento correcto de un buen control de accesos.

  - **Puntos de tránsito.**

    Zonas de entrada o de salida entre fronteras.

1.1.4.e Funciones.

Las funciones específicas serán las de control de:

- **Entradas.**
  - Selección de todo lo que puede entrar.
  - Impedir la entrada a lo que no esté autorizado.

TECNICAS Y PROCEDIMIENTOS PROFESIONALES (I)

- Detección de entradas no autorizadas.
- Neutralización de riesgos.

- **Salidas.** Detectar y evitar la salida de todo lo que no esté autorizado, incluyendo las personas en aquellos centros de internamiento donde se establezca el control de accesos.
- **Circulación.** Evitar la circulación de todo lo que no esté autorizado, incluyendo a las personas usuaria y o trabajadores.
- **Permanencias.** Detectar y evitar la permanencia de todo lo que no esté autorizado en áreas para las que no presenta autorización incluyendo a las personas usuarias y o trabajadores.

1.1.4.f Medios:

Después de catalogar objetivos y de evaluar los riesgos, para implantar un eficaz sistema de control de accesos hay que dotarlo de los recursos adecuados a cada nivel de exigencia, con medios:

- Humanos.
- Técnicos.
- Procedimentales.

• **Medios humanos.**

Es el de seguridad y/o personal de gestión que interviene en el desarrollo de la organización de los controles de acceso, ya sea a áreas definidas como a áreas de seguridad, o protegidas.

Los avances tecnológicos han ido implantando sistemas automáticos 'autogestionados', en los que cada vez es menor la necesidad de la presencia humana en el acceso para efectuar el control. Sin embargo, por muy sofisticado que sea un sistema, siempre deberá tener detrás del apoyo humano.

Los sistemas son impersonales y por muy avanzados que sean, nunca contarán con la insustituible capacidad de pensamiento del ser humano.

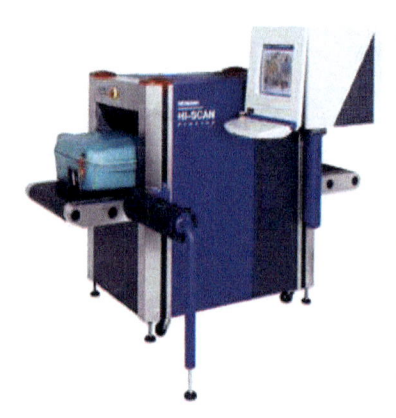

A un sistema se le puede programar para que realice un filtro perfecto, pero siempre se producen situaciones en las que el ser humano ha de permitir excepciones: el sistema no 'habla', no 'explica' pero puede provocar situaciones de tensión que se pueden evitar con un contacto entre personas.

Por otro lado, una vez que alguien ha traspasado la barrera del control, el sistema poco podrá hacer para neutralizar la acción de riesgo.

Sin embargo, el ser humano podrá poner en marcha los procedimientos previstos para tales situaciones.

No cabe duda de que la estrategia para el buen funcionamiento es una adecuada relación entre medios técnicos y medios humanos.

Los medios humanos están formados por los Vigilantes de Seguridad, con adecuada formación en materia de control de accesos y de los sistemas y medios técnicos con los que ha de trabajar. A ello ha de unirse especiales habilidades para las relaciones sociales y una gran dosis de diplomacia, con un trato prudente en el cumplimiento de la misión encomendada.

El principal enemigo del Vigilante del centro de control es la rutina, en un servicio que puede resultar 'aburrido'.

> **Jamás hay que relajarse, tampoco bajar la guardia durante el cumplimiento de sus funciones, ya que cualquier circunstancia puede ser aprovechada para burlar el control y atentar contra el objeto de protección.**

• Medios Técnicos.

Los recursos técnicos de un control de accesos están en constante evolución y perfeccionamiento, existiendo continuamente novedades en el mercado.

Como cualquier instrumento, estos medios técnicos pueden fallar y siempre será mayor la eficacia del sistema si es capaz de conjugar, en su justa medida, medios humanos con medios técnicos.

Una división de los medios técnicos de control de accesos podría estar formada por:

TECNICAS Y PROCEDIMIENTOS PROFESIONALES (I)

- Sistemas activos.

Son los que 'hacen algo'.

Alertan cuando hay una agresión al control de acceso. Tienen un funcionamiento automático o semiautomático, dependiendo de la actividad establecida, y pueden ser complementarios, utilizándose más de un elemento en combinación con otros sistemas.

Ejemplos:

- ✓ Lectores de tarjetas. De banda magnética, resonancia electromagnética, óptica por infrarrojos, memoria, de aproximación...
- ✓ Terminales de introducción de datos o claves. Son los 'tradicionales' teclados.
- ✓ Terminales de identificación antropométrica. Mediante lectura de la huella digital, la firma, la voz, el iris ocular...
- ✓ Terminales de identificación biométrica. Leen e interpretan la configuración de los datos digitales y de la mano, por ejemplo...
- ✓ Video-identificadores. Captan e identifican la imagen recibida. Son habituales en el control de acceso de vehículos.
- ✓ Detección o identificación de materiales y objetos. Rayos X, detección electromagnética, analizadores de gases, de masas...

- Sistemas pasivos.

Su función es la de presentar dificultades que entorpezcan o impidan una acción de intrusión. Son elementos y sistemas de tipo físico o mecánico; generalmente permanecen estáticos ante la acción.

- ✓ **Ejemplos**:
- ✓ Materiales blindados. Vidrios, puertas...

- ✓ Dispositivos y barreras de control de paso. Puertas, cierres, barreras de detención, tornos, puertas giratorias...
- ✓ Mecanismos de apertura y cierre. Cerraduras, candados, bloqueos...
- ✓ Control de tráfico. Dispositivos que impiden la circulación de vehículos. Sistemas mixtos. Incorporan elementos de los sistemas activos y pasivos, como:
- ✓ Esclusas con arco detector de metales...
- ✓ Tornos con sistemas de lecturas de paso mediante tarjetas...

De todos los anteriores, los sistemas más utilizados, son:

- **Para personas**: esclusas y tornos. ·
- **Para vehículos:** barreras. ·
- **Para objetos:** arcos detectores de metales.

• Esclusas:

Constituyen un medio pasivo muy eficaz y extendido en los actuales sistemas de control de accesos. Consisten, normalmente, en la creación de un espacio intermedio entre dos o más puertas, cuyo paso está condicionado al cierre del primer acceso para que se produzca la apertura de otro y otros. Existen muy diversos diseños y aplicaciones, dependiendo de los fines que se persigan, siendo usual la vinculación de la esclusa a determinados medios activos, tales como tarjetas codificadas, arcos detectores de metales y otros.

• Esclusas para vehículos:

Al igual que en los accesos de personas, las esclusas constituyen un eficaz medio pasivo de control en la entrada y salida de vehículos. Consiste, igualmente, en la creación de un espacio intermedio entre dos o más puertas, condicionadas entre sí. Por lo general, la esclusa de vehículos tiene su uso más frecuente en la inspección de cargas e interiores de camiones y automóviles, para el control de accesos de armas,

TECNICAS Y PROCEDIMIENTOS PROFESIONALES (I)

explosivos y drogas, pero también es usual en la revisión cuantitativa de entrada y salida de cargas de una factoría o en el control de mercancías de aduanas portuarias.

- **Tornos:**

Es un tipo de medio pasivo que asegura físicamente el paso individualizado por un acceso concreto. Están formados por un cuerpo central, que integra el eje del sistema y mecanismos complementarios, y unas barras giratorias que discriminan el paso. Se implantan, normalmente, cerrando un pasillo o un acceso creado artificialmente y pueden ser empleados en número y formas muy dispares.

Cada torno marca un sentido único de marcha y, por lo general, el acceso está vinculado a medio activos de control, con tarjetas. Su mayor limitación estriba en que anulan como vía de evacuación el itinerario que controlan, estando expresamente prohibidos por la Norma Básica de Evacuación NBE-CPI 91, en aquellos casos en que se hallen instalados cerrando la vía de evacuación única de un edificio; por lo general, la salida de un solo bloque central de escaleras.

- **Barreras**:

Existen diferentes medios pasivos para el control de accesos de vehículos, creados para la detención provisional de éstos durante un corto espacio de tiempo, en el que se realizará el control del vehículo, carga y ocupantes, con medios activos o humanos. El medio abatible de uso más frecuente lo representa la barrera, de formas y materiales diversos, consistente en una barra de longitud correspondiente a la anchura del acceso, sujeta en un extremo a un mecanismo de giro que le permite adoptar las posiciones vertical y horizontal, para apertura y cierre del paso, respectivamente.

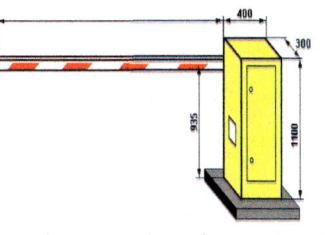

Una modalidad de las más eficaces consiste en el empleo de planchas metálicas, situadas horizontalmente en el acceso cuando éste se encuentra abierto al paso y que se levantan en un ángulo de 45º hasta la posición del vehículo, para su detención.

- **Arcos detectores de metales:**

Formados por dos columnas o piezas verticales unidas, normalmente, por un tercer elemento, horizontal, en su parte superior, para dar estabilidad al conjunto y, en su caso anclarlo a la estructura exterior.

Existen dos sistemas básicos. El primero de ellos consiste en la creación de un campo magnético entre las columnas; al paso de la corriente eléctrica se genera el campo, que resultará alterado al interponer cualquier elemento metálico entre las columnas, proporcionando la correspondiente señal de alarma. Este sistema tiene el inconveniente de necesitar un sólido blindaje exterior para evitar interferencias con masas metálicas del entorno.

El segundo sistema se basa en la creación de corrientes inducidas (corrientes de Foucault) mediante el desarrollo de bobinas simétricas en oposición sobre las columnas verticales, que actuarán como elementos emisor y receptor; al interponer una masa metálica entre ambos elementos se producen las corrientes inducidas, cuya captación genera la alarma. Este sistema no precisa de un tercer cuerpo de unión, ni el empleo de blindajes externos. Con frecuencia, este sistema se utiliza en combinación con las cámaras esclusas y con tornos, condicionando la apertura de éstos a la no-detección de objetos metálicos.

1.1.4.g Procedimientos de actuación:

El procedimiento que seguir para un correcto control de accesos pasa por las fases de:

- **Identificación** de la persona que pretende entrar,

- **Autorización** por medio de pase o de llamada telefónica,

- **Acreditación** con una tarjeta que se coloca en lugar visible, y

TECNICAS Y PROCEDIMIENTOS PROFESIONALES (I)

- **Registro** documental del acceso.

• **Identificación.**

- Procedimiento por el cual, se comprueba que la acreditación o documento que porta una persona corresponde realmente a ésta, que está autorizada a acceder o que haya sido facilitada.

- Los documentos más habituales para la identificación de personas, además del DNI, son el pasaporte y el permiso de conducción, además de los documentos acreditativos específicos de la organización que implanta un sistema de control de accesos mediante identificación.

Para establecer una identificación el **Personal de Seguridad deberá:**

1º Solicitar el documento idóneo de identidad:

- El **pase especial** si lo tiene, **la tarjeta** de la empresa o el **DNI** si es un visitante.
- Si se queda con un documento de identificación (que no sea el DNI), se lo devolverá a la salida.

2º Preguntar con qué persona o departamento quiere contactar.

3º Ponerse en contacto con la persona o departamento indicado e informarle de la situación.

4º Si el visitante está identificado y conocido (trabajador o visitante habitual del lugar), o si no es conocida, previa autorización, permitirle el acceso tras registrar sus datos y dotarle de la acreditación correspondiente.

> "Se debe tener presente que identificar adecuadamente a una persona no es la condición única para acceder a una instalación, debe estar autorizada".

- Ante cualquier sospecha, se procederá a 'preguntar' a la persona que pretende acceder a un recinto protegido, aun cuando acredite estar autorizado:

    ✓ formular preguntas sobre a dónde se dirige,

    ✓ intentar saber el grado de verdad de sus palabras, incluso dándole falsa información, para comprobar cómo reacciona, etc.

    ✓ Es preferible pecar por exceso o por defecto y hay que tener siempre presente una cuestión; **Si alguien no-autorizado pretende salvar un control de accesos**...

    ✓ siempre procurará sobrepasar al Vigilante de Seguridad

    ✓ con técnicas como la de levantar la voz,

    ✓ intentar dejarle en evidencia con frases como "**usted no sabe con quién está hablando**",

    ✓ etc.

Ante estas posturas, la del Vigilante ha de ser inflexible, con educación, pero con firmeza en su actuación.

• Autorización.

Es el paso siguiente al de la identificación y consiste en permitir el acceso a los recintos protegidos, una vez comprobada la identificación de la persona que lo pretende.

> **La autorización permite la entrada al visitante y presupone facilitar el acceso siempre y cuando la persona esté previamente identificada y justificada su presencia para lo cual ha sido solicitada la autorización.**

Se puede obtener de diversas formas:

- Documental.

Es la más habitual, ya que ahorra tiempo en la identificación y supone un elevado índice de fiabilidad.

Presenta múltiples formas:

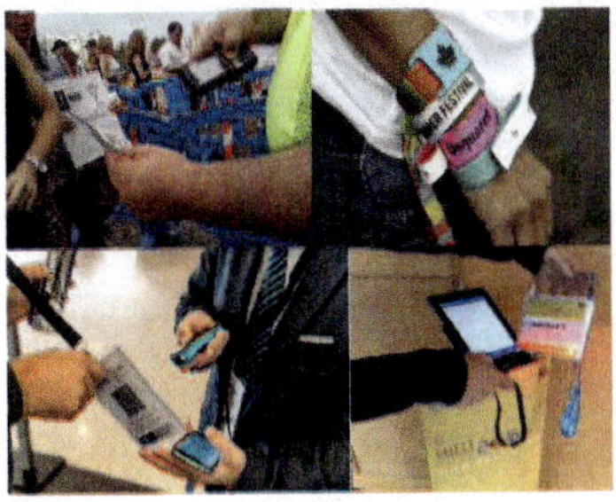

TECNICAS Y PROCEDIMIENTOS PROFESIONALES (I)

- ✓ **Tarjetas** de la empresa, **evento,** etc.: con diferentes elementos (fotografía, datos personales, número de DNI).

- ✓ **Pases:** Temporales o permanentes, de la empresa, evento, etc.

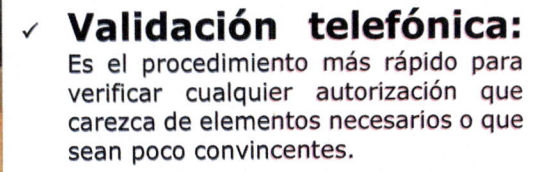

- ✓ **Validación telefónica:** Es el procedimiento más rápido para verificar cualquier autorización que carezca de elementos necesarios o que sean poco convincentes.

  Ha de telefonearse a la persona que ha expedido o comunicado la autorización.

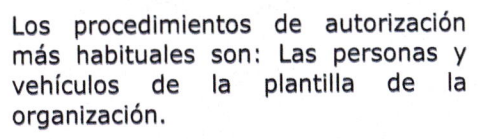

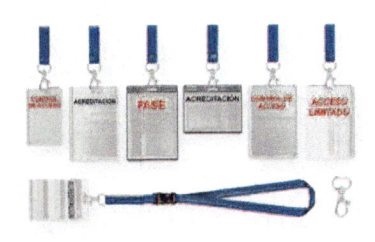

Los procedimientos de autorización más habituales son: Las personas y vehículos de la plantilla de la organización.

- ✓ Se les identificará y pedirá la autorización personal y de acceso y estacionamiento del vehículo.
- ✓ En caso de dudas con la autorización, se contrastará con el DNI, el listado oficial de autorizaciones, etc.
- ✓ Si en el vehículo viajan más personas, además de la autorizada, se procederá a la identificación y solicitud de autorización de todas ellas.
- ✓ Como medida de protección, se revisará el interior del vehículo en busca de elementos peligrosos para la seguridad.

Personas y vehículos que no pertenezcan a la plantilla de la organización y que no presenten autorización:

- ✓ Se solicitará autorización **verbal, telefónica o documental** por parte del personal de la organización.
- ✓ Con el vehículo se realizarán idénticas medidas de seguridad que las señaladas en el párrafo anterior.
- ✓ Estas medidas son de aplicación para proveedores que no tengan autorización permanente, debiendo informarles de la posibilidad de obtenerlas y de la necesidad de realizar con antelación un aviso de llegada.

- **Acreditación.**

  - Toda persona que haya superado los dos puntos anteriores deberá poseer algún sistema que manifieste esta condición.
  - Esto se consigue mediante la acreditación que garantiza el haber cumplimentado los requisitos de acceso.
  - La acreditación se debe colocar en un lugar externo y visible, como por ejemplo en la solapa, para que cumpla su función.
  - A la salida se recogerá la acreditación.
  - Han de ser comprobadas periódicamente, para certificar la vigencia o caducidad de estas.
  - Una clasificación de las tarjetas se hace en función de su período de validez:

    - **Permanente.** - Para espacios prolongados de tiempo. Deben estar provistas de fotografía, datos de filiación, datos sobre las áreas de acceso autorizadas, sello y firma del responsable de la organización...
    - **Temporal.** - Para actividades de suministros, servicios, etc. Se asignan por área de acceso, con un número de orden y visto bueno del responsable del control en el momento de la expedición.

    En caso de autorizaciones temporales, se consignará, además, un número de orden, así como los datos del responsable del control en el momento de producirse la entrada o salida.

    > Las tarjetas acreditativas han de portarse de forma visible, tanto en las personas como en los vehículos, para permitir una rápida comprobación de posibles transgresiones de áreas u otras circunstancias.

Como norma general, para todo tipo de tarjetas acreditativas, en su confección se tendrá en cuenta:

- Incluir elementos de seguridad que dificulten su falsificación: fotografías, impresiones digitales, etc.
- Incluir sistemas de tipo electrónico para identificación y autorización automatizada (bandas magnéticas, chips, etc.)

TECNICAS Y PROCEDIMIENTOS PROFESIONALES (I)

✓ Utilizar soportes fáciles de manejar y de guardar, para preservarlos de robos.

- **Registro documental de acceso**

Permite dejar constancia de los datos de las personas que han sido identificadas y autorizado su acceso.

Por lo tanto, deberán anotarse los **datos referentes a:**

- La identificación y autorización.

- Otras circunstancias relativas a horas de entrada y salida, vehículos, material que entra y sale, etc.

- Debe contener los siguientes campos:

    ✓ Nº de orden.
    ✓ Nombre y apellidos.
    ✓ Nº del D.N.I.
    ✓ Persona y lugar que va a visitar.
    ✓ Hora de entrada.
    ✓ Hora de salida.
    ✓ Observaciones.

1.1.5 Paquetería y correspondencia.

La necesidad de enviar y recibir documentos impresos y artículos nos obliga a utilizar los métodos tradicionales de envío mediante el servicio postal o bien, a través de las empresas especializadas en mensajería y paquetería, ante las amenazas, los vigilantes de seguridad están obligados a aprender recibir este tipo de correspondencia de manera segura.

1.1.5.a Riesgos en la correspondencia:

Recepción de paquetes bomba, amenazas o intentos de estafa.

Direccionados o no a alguna persona en específico con el fin de causar daños o muertes, así como de amenazas de bombas, secuestros, intentos de extorsión o bien, la recepción de atractivas ofertas fraudulentas para inversiones, obtención de créditos para compra de vehículos o inmuebles, así como de verificación de datos oficiales personales.

Recepción de paquetes con contenidos que presenten amenazas de tipo químico, biológico o radiológico.

Orientadas a generar serios daños o incluso la muerte mediante la descarga, diseminación o el impacto de sustancias químicas potencialmente venenosas (gas mostaza, agentes nerviosos, gas sarín), diseñadas para esparcir organismos biológicos nocivos para la salud (ántrax, ricina, viruela, toxina botulínica) o bien sustancias generadoras de radiación.

Robo, pérdida o uso indebido de mensajería.

Por lo cual, los titulares de la paquetería y/o correspondencia podría víctimas de robo, sustracción o divulgación de documentos con información sensitiva, tarjetas de crédito, robo de mercancía o bien, el uso indebido por parte de personas malintencionadas para solicitar o enviar información o cosas de manera ilegítima.

1.1.5.b Medidas de prevención.

Si el servicio de seguridad tiene encargada las funciones de recepción y verificación de la correspondencia y paquetería, es fundamental que se cuente con un lugar específico y seguro para su recepción.

- **En el caso de viviendas**: Lo idóneo es instalar buzones de correo perfectamente asignados e identificados y que cuenten con el nivel de seguridad necesaria a través de cajas metálicas, aseguradas con cerraduras de seguridad o

TECNICAS Y PROCEDIMIENTOS PROFESIONALES (I)

candados, adosados a las rejas o puertas, o bien, colocados en lugares visibles y bien iluminados.

- Es recomendable indicar mediante un anuncio o letrero de advertencia, el hecho que "**El robo, sustracción o apertura de correspondencia, constituye un delito**", lo cual actuara como elemento disuasivo para personas malintencionadas.

- Aconseje a los usuarios para que eviten la acumulación de mensajería en los buzones y acuda periódicamente, de día e idealmente acompañados a retirar su correspondencia.

Considere indicar a los titulares de la instalación, evento o persona protegida, la necesidad de cancelar la recepción la dirección postal de aquellos documentos, como estados de cuenta bancarios, etc. y solicite el envío por correo electrónico mediante las nuevas opciones "paperless" que ofrecen hoy en día las organizaciones financieras, entre otras.

Manejo de correspondencia y paquetería en organizaciones:

La mejor forma de minimizar riesgos en términos de robo, pérdida y recepción de sobres o paquetes indeseados o peligrosos, reduciendo costos, la posibilidad de sufrir eventuales daños e incrementando la eficiencia y eficacia en el manejo y entrega de correspondencia, se logra centralizando dichas actividades en un área separada del resto de la organización, debidamente protegida, equipada y con personal entrenado para recibir, analizar, evaluar, proteger, aislar, canalizar y entregar todo tipo de correspondencia y paquetería con el máximo nivel de seguridad.

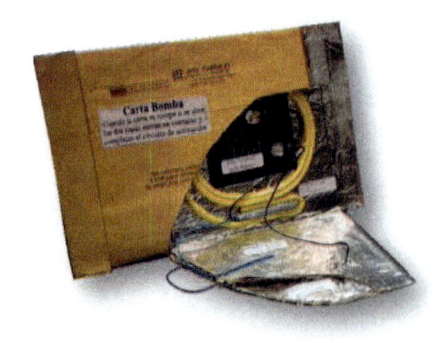

Es preciso contar con personal de seguridad privada, pues estos se encuentran debidamente capacitados y adiestrados en el tratamiento de la correspondencia /paquetería, respecto de los indicios que les permitan reconocer e identificar paquetes / cartas sospechosas, estableciendo protocolos y planes de seguridad precisos para su manejo, alerta al personal especifico de la empresa afectada y comunicación a las autoridades policiales, los cuales darán respuesta adecuada en caso de incidentes de tipo químico, biológico, radiológico por detonación de artefactos, bombas o explosivos.

Así mismo se debe difundir a todo el personal de la organización afectada, las medidas y políticas de seguridad establecidas para el envío y recepción de correspondencia a fin de reducir riesgos y elevar el nivel de confianza en relación con los paquetes y cartas que se reciban.

- **Evaluación de riesgos:**

Es necesario considerar la naturaleza de la organización donde se presta el servicio de seguridad, las circunstancias que pueda estar enfrentando en un momento determinado (reestructuración, crisis, venta o cierre) y el rol y comportamiento de su personal en la sociedad, a fin de analizar su nivel de riesgo, ya que debido al desempeño en su ámbito social, político o económico, algún empleado o la organización misma, pueda ser identificado como un blanco potencial para recibir amenazas o atentados, a través de correspondencia o paquetería.

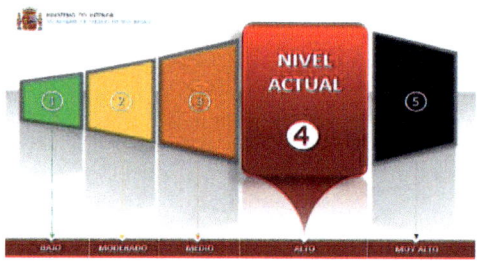

La evaluación de riesgos debe contemplar, además las áreas de recepción, el personal a su cargo, los procedimientos estipulados para el manejo de sobres y paquetes, así como un catálogo de clientes y proveedores a fin de llevar un control adecuado.

Se deberá evitar que los empleados reciban correspondencia de índole personal en la organización. Audite periódicamente el área de correspondencia, para detectar abusos que se dan al utilizar las cuentas o recursos de la organización para envíos personales.

TECNICAS Y PROCEDIMIENTOS PROFESIONALES (I)

Procure que los empleados, den aviso al área de seguridad de correspondencia/ paquetería cuando esperen recibir alguna, a fin de estar prevenidos.

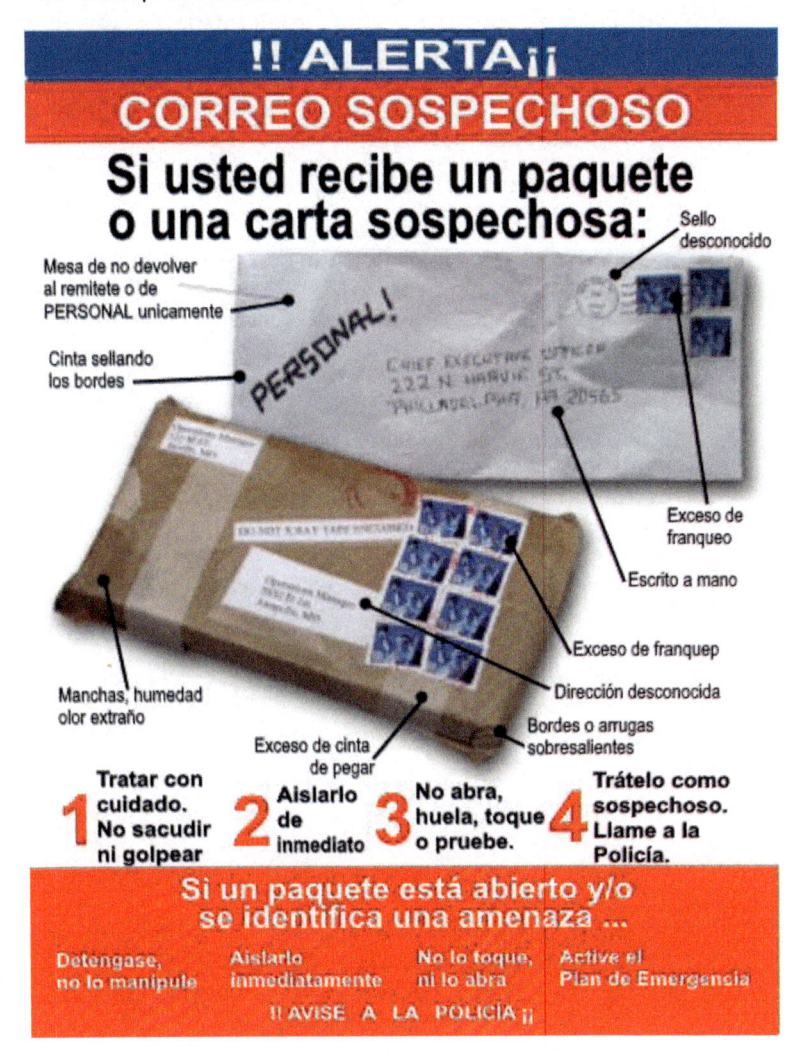

!! ALERTA ¡¡
CORREO SOSPECHOSO

Si usted recibe un paquete o una carta sospechosa:

- Sello desconocido
- Mesa de no devolver al remitete o de PERSONAL unicamente
- Cinta sellando los bordes
- Exceso de franqueo
- Escrito a mano
- Exceso de franquep
- Dirección desconocida
- Bordes o arrugas sobresalientes
- Manchas, humedad olor extraño
- Exceso de cinta de pegar

1. **Tratar con cuidado. No sacudir ni golpear**
2. **Aislarlo de inmediato**
3. **No abra, huela, toque o pruebe.**
4. **Trátelo como sospechoso. Llame a la Policía.**

Si un paquete está abierto y/o se identifica una amenaza ...

| Detengase, no lo manipule | Aislarlo inmediatamente | No lo toque, ni lo abra | Active el Plan de Emergencia |

!! AVISE A LA POLICÍA ¡¡

1.1.5.c Identificación de paquetes sospechoso:

Algunos de los principales indicadores que deben ser tomados en consideración para identificar y señalar un sobre o paquete como sospechoso o potencialmente peligroso son los siguientes:

- **Información incorrecta y leyendas especiales.**

No cuenta con datos del remitente y/o del destinatario claramente indicados, se muestran incompletos, erráticos o con faltas de ortografía. Posee indicaciones o leyendas restrictivas tales como "Personal", "Entrega Urgente" o "No pasar por Rayos X, contiene material sensible".

- **Empaquetado, sellado y estampado.**

Muestra un empaquetado rígido o abultado con formas no definidas. Se encuentra cerrado con cinta adhesiva en las orillas o cinta en exceso en su envoltura general. Presenta franqueo excesivo o muestra timbres o sellos postales de envío desde otros países.

- **Manchas y olores.**

Muestra manchas de aceite, decoloración, cristalización o polvos extraños en el sobre o empaque. Desprende algún tipo de olor extraño. Presenta rotura en el sobre.

- **Presencia de cables.**

Presenta alambres o cables que sobresalen del empaquetado.

1.1.5.d En caso de recibir un paquete sospechoso:

- No temer al ridículo
- Si tiene dudas y cuenta con medios, revisar empleando rayos-x
- No lo manipule. lávese rápidamente las manos con agua y jabón.
- Aísle la zona, cree de inmediato en un área de seguridad.
- No trate de abrirlo. No huela o pruebe.
- Active su plan de emergencia, informe a las autoridades policiales y notifique a los supervisores de la organización.

1.1.6 Control y requisa de vehículos.

En el control de acceso de una instalación, en la cual exista la amenaza de colocación de un artefacto explosivo, o bien que en el Manual de Procedimientos Operativos esté previsto, se deberá realizar el control y requisa de todos los vehículos que puedan introducido un artefacto explosivo dentro del recinto o evento.

1.1.6.a Requisa (definición):

En seguridad "requisa" es el sinónimo de inspección, comprobación, registro, etc.

1.1.6.b Soporte legal de actuación.

Artículo 18 de la Ley Orgánica 4/2015, de 30 de marzo, de protección de la seguridad ciudadana.

Los agentes de la autoridad podrán practicar las comprobaciones en las personas, bienes y vehículos que sean necesarias para impedir que en las vías, lugares y establecimientos públicos se porten o utilicen ilegalmente armas, explosivos, sustancias peligrosas u otros objetos, instrumentos o medios que generen un riesgo potencialmente grave para las personas, susceptibles de ser utilizados para la comisión de un delito o alterar la seguridad ciudadana, cuando tengan indicios de su eventual presencia en dichos lugares, procediendo, en su caso, a su intervención. A tal fin, los ciudadanos tienen el deber de colaborar y no obstaculizar la labor de los agentes de la autoridad en el ejercicio de sus funciones."

- **Funciones del vigilante de seguridad.**

    Los vigilantes de seguridad **desempeñarán las siguientes funciones:**

    a. **Ejercer la vigilancia y protección de bienes, establecimientos, lugares y eventos**, tanto privados como públicos, así como la protección de las personas que puedan encontrarse en los mismos, **llevando a cabo las comprobaciones, registros y prevenciones necesarias** para el cumplimiento de su misión.

    b. **Efectuar controles** de identidad, de objetos personales, paquetería, mercancías o **vehículos, incluido el interior de éstos, en el acceso o en el interior de inmuebles o propiedades donde presten servicio,** sin que, en ningún caso, puedan retener la documentación personal, pero sí impedir el acceso a dichos inmuebles o propiedades. **La negativa a exhibir la identificación o a permitir el control de los objetos personales, de paquetería, mercancía o del vehículo facultará para impedir a los particulares el acceso o para ordenarles el abandono del inmueble o propiedad objeto de su protección.**

1.1.6.c Requisas diferentes:

Antes de profundizar en el tema hemos de tener en cuenta que hay dos formas de hacer las requisas:

- Aquella que realiza el vigilante cuando ejerce sus funciones en un dispositivo de control de acceso perteneciente a una determinada instalación o evento.

La **requisa se ejecuta como consecuencia de un procedimiento operativo establecido,** sin que el vigilante haya observado, o tenido conocimiento de ninguna irregularidad o hecho delictivo.

- La que se ejecuta en el interior de dichas instalaciones, o espacio donde se celebra el evento, cuando el vigilante se encuentra realizando una ronda de control, integrado en patrulla.

Se ejecuta en cumplimiento del **Artículo 18 de la Ley Orgánica 4/2015, de 30 de marzo,** de **protección de la seguridad ciudadana**

1.1.7 Control y requisa de vehículos:

Se debería requisar todos los vehículos que accedan al interior, sin excepción, a pesar de ser conocidos los conductores o personas ocupantes, por el personal de seguridad, toda vez que el artefacto puede ser introducido involuntariamente o bajo coacciones.

1.1.7.a Puntos de requisas de vehículos:

Se trata de los puntos de registros y control de vehículos que para su estudio se clasifican en:

- Puntos de requisa fijos.
- Puntos de requisa móviles.

- **Puntos de requisa fijos:** Es el procedimiento de control y requisa que se instala en las entradas/salidas de una instalación o evento (Control de Acceso) y que dispone de una **exclusa específica para vehículos** y que afecta, tanto a los vehículos cuando entran o salen de dichas instalaciones, en las que los vigilantes de seguridad realizan sus funciones.

- Objetivo:

Detectar, incautar y/o evitar la introducción o extracción de objetos prohibidos y/o robados, las personas no acreditadas, así como explosivos adheridos u ocultos.

- Localización:

En el mismo espacio físico que el "control de acceso", formando parte de este en aquellas instalaciones/eventos, donde puedan acceder vehículos.

1.1.7.b Descarga del vehículo:

Las mercancías deberán ser abiertas y revisadas en el punto de recepción.

No se harán entregas bajo ninguna condición si no ha sido autorizada expresamente.

Las entregas han de ser confrontadas con las facturas y pedidos.

Las descargas deben ser realizadas bajo la supervisión de los vigilantes de seguridad.

1.1.7.c En caso de negativa del conductor/ocupantes:

Dado que se trata de un procedimiento de obligado cumplimiento para acceder a las instalaciones y/o servicios, simplemente se le informa de que no pueden acceder y que no pueden permanecer obstaculizando la vía de acceso, por motivos de emergencia.

- En el caso de que no acceda a retirarse, se requerirá el apoyo de la autoridad policial.
- Si las personas que pretenden acceder hacen fuerza para entrar, se procederá a impedirlo, procediendo a su detención y puesta a disposición de la autoridad policial.

1.1.7.d Puntos de requisa móviles:

Los que se realizan en el interior de la instalación/evento (carreteras y vías internas).

- **Objetivo:**

Su finalidad radica en detectar e intervenir los objetos prohibidos y/o robados, personas ocultas, así como los explosivos adheridos u ocultos que se encuentren en los vehículos sospechosos canto estos se encuentran en vías y calles internas de la instalación o evento bajo la responsabilidad de los vigilantes de seguridad.

- **Localización:**

Dado que en la mayoría de las ocasiones los vigilantes de seguridad no tienen constancia de la existencia de personas buscadas, o delitos cometidos, deberán actuar siguiendo su instinto profesional, en función de los indicios racionales que detecten y por tanto procediendo a parar el vehículo en cualquier vía o carretera, dentro de la instalación.

En todo caso, siempre que las circunstancias lo permitan atendiendo a su nivel de peligrosidad, los controles y requisas deberán ejecutarse en un lugar seguro y que ofrezca ventajas a los vigilantes de seguridad actuantes.

TECNICAS Y PROCEDIMIENTOS PROFESIONALES (I)

Por ello deberán habilitarse espacios adecuados, ubicados en diversos puntos de las vías o carreteras internas y que se usarán rotando regularmente y en periodos diferentes por estrategia y buscando el "factor sorpresa" o por interés táctico puntual.

1.1.7.e Criterios para seleccionar el lugar del punto de revisión móvil:

- Visibilidad para conductores y para los vigilantes actuantes.
- Existencia de señalamiento adecuado.
- Que el terreno ofrezca cobertura y protección para los policías.
- Que permita a los conductores frenar paulatinamente.

1.1.7.f Material mínimo para utilizar dentro de un punto móvil de revisión de vehículos.

- Conos y chalecos fluorescentes.
- Equipos de protección defensivo EPI(EPD) chalecos balísticos, guantes anticorte, etc.
- Radiotransmisores.
- Lámparas con tubo fluorescente.
- Espejo para mirar los bajos del vehículo.
- Vehículo patrulla.
- Señales limitadoras de velocidad.

1.1.7.g Estructura de un punto móvil de registros de vehículos.

- **Zona de Protección:** Parapeto que proporciona protección a los vigilantes de seguridad que participan en la revisión.
    - Selecciona los vehículos que deberán ser revisados.
    - Vigilan que los conductores no se desvíen.
- **Zona de Registro:**

    Se trata de un espacio seguro tipo esclusa y donde realizan las funciones de control y registro.

1.1.8 Procedimiento de actuación de un punto móvil de control y registro de vehículos.

El procedimiento estará determinado por el motivo que determina la necesidad de ejecutar la requisa:

- **Aleatoria:** Por estar prevista en los "Protocolos de Actuación" dentro del plan de emergencia y evacuación, con motivos disuadir y prevenir el delito, dentro de las instalaciones o eventos.

- **Reactiva:** Cuando los vigilantes de seguridad observan indicios suficientes que les hace pensar que el vehículo en cuestión y/o sus ocupantes están implicados en un delito.

1.1.8.a En ambos casos, se procederá de la siguiente forma:

- Se informará al conductor y posibles ocupantes que por motivos de seguridad se procederá al registro del vehículo y de sus ocupantes, al tiempo que les solicita su colaboración.

- En el caso de que los afectados se nieguen, deberemos valorar si nos encontramos ante un registro **aleatorio** o **reactivo**.

Si se trata de un **registro aleatorio**, se procederá a informarles que no pueden continuar en el interior de las instalaciones y que se les acompañara al exterior de las mismas, recordando a los afectados que al entrar en las instalaciones aceptaron, que podrían ser intervenidos por el servicio de seguridad al objeto de conocer lo que portan en su indumentaria, efectos que portan así como en el vehículo dentro del cual accedieron y que la negativa a permitir este registro, anula la autorización de permanencia en el mismo.

Pero, por otra parte, tanto si nos encontramos ante un registro de naturaleza reactiva, como si es aleatoria, pero que cuanta con la colaboración de las personas intervenidas, se procederá de la siguiente forma:

- Solicite al conductor que estacione su vehículo dentro de la esclusa, pare el motor y saque las llaves del contacto. (en el punto de registro al efecto).

- A continuación, pida los documentos del vehículo e identificación del conductor, y las llaves del vehículo, verifique que coincidan los datos del vehículo con los documentos de este y se procede a la revisión.

- La requisa del vehículo afectado deberá realizarse en presencia del conductor del mismo, aunque este debe encontrarse en la zona de exclusión, junto al resto de los acompañantes.

- Si durante el registro se detecta la presencia de una persona oculta, algún objeto u otro elemento sospechoso, procederá inmediatamente a solicitar la presencia de la autoridad policial 1-1-2 y al Departamento de Seguridad de la instalación, si lo hubiere.

1.1.8.b Procedimiento estándar de actuación de un punto móvil de control y registro de vehículos.

- Se establecerá un protocolo de control de acceso de vehículos y aparcamientos.
- El acceso deberá estar restringidos y los aparcamientos ser con autorización previa.
- Los aparcamientos tendrán bastante separación entre el vehículo y los edificios.
- El servicio de seguridad contara con un listado actualizado de registro de vehículos de los empleados.
- Las zonas de aparcamientos de las visitas ha de ser diferente de las de los empleados.

1.1.8.c El punto de registro y control de vehículos opera de acuerdo con las siguientes funciones establecidas:

- Indique al conductor el motivo de la revisión.
- Solicite al conductor que estacione su vehículo en el punto de registro al efecto. ("zona de seguridad" o "esclusa").
- Solicite los documentos del vehículo e identificación del conductor, verifique que coincidan los datos del vehículo con los documentos de este y se procede a la revisión.
- Si en la revisión se encuentra una persona, objeto u otro elemento sospechoso, informe de ello inmediatamente a la autoridad policial1-1-2 y al Departamento de Seguridad, si lo hubiere.
- En caso de no encontrar ninguna elemento, cosa o persona sospechosa, tome nota de todo, amablemente agradezca al conductor su cooperación y deje constancia del hecho.

  La ejecución de requisas en los puntos de revisión y control de vehículos va encaminada a la revisión tanto de personas como de vehículos, por ello requiere que el vigilante de seguridad cuente con conocimientos básicos, para que sea eficiente su actuación.

TECNICAS Y PROCEDIMIENTOS PROFESIONALES (I)

1.1.9 Revisión del vehículo:

Es un mecanismo de verificación y registro, utilizado como práctica común en la actuación de seguridad; de gran utilidad en la prevención, investigación y combate a la delincuencia en una instalación, o evento.

1.1.9.a Vehículo abandonado en la zona.

Este procedimiento debe ser ordinario en la actuación del vigilante de seguridad, toda vez que durante sus rondas de vigilancia se encontraran con supuestos que indiquen o motiven sospecha que el vehículo fue usado en un delito, o bien que el mismo representa peligro para la comunidad por su situación de abandono o cualquiera otra circunstancia. (coche bomba).

- En ningún caso se procederá a la revisión de un abandonado, no lo abra, ni se introduzca en él, solo revise por fuera con mucha precaución. Figura 112.

- Informe a las autoridades policiales 1-1-2 de la ubicación del vehículo sospechoso, informando de matrícula, marca, modelo y color.

- Proteja el vehículo tal como lo encontró, como si fuera la escena de un crimen, hasta que lleguen las autoridades policiales.

- Antes de que la policía retire el vehículo, tome nota de todo, y elabore un inventario. En cualquiera de los casos deberá confeccionar un informe de todo lo acontecido.

1.1.9.b Aparición de coche bomba:

Ante la sospecha de que un vehículo pueda contener un artefacto explosivo, bien porque se haya recibido una llamada telefónica informando de ello, bien porque en la requisa realizada en una esclusa, o en un punto móvil de registro se haya detectado su presencia o indicios de su existencia, se deben cumplir las siguientes normas:

- No mover el vehículo.
- No abrir puertas, ni capó, ni intentar arrancarlo.
- Localizar al propietario del vehículo para que nos aporte información sobre posible robo, robo manipulación, cambio de matrículas, etc.
- Avivar inmediatamente a las FFCCS, pues poseen los medios adecuados para actuar.
- Despejar y acordonar la zona, en un radio aproximado de cien metros.

1.1.9.c Vehículo sospechoso con conductor:

- Este tipo de revisión tiene mucho riesgo, ya que un registro en estas circunstancias hace que el vigilante de seguridad se convierta en un blanco para los presuntos delincuentes, lo cuales tratarán de escapar al verse descubiertos.
- Se procederá a la revisión de todos los vehículos que se encuentre en alguno de los siguientes supuestos:

- Abandonados,
- Estacionados en actitud sospechosa con conductor o sin conductor.
- Circulando en actitud sospechosa, o que no atiende los requerimientos de la patrulla de seguridad.
- Figura como robado, (Red azul).

1.1.9.d Tipos de registro de vehículos:

En el momento de realizar la revisión, el vigilante de seguridad debe concentrarse en la tarea de buscar algo ilegal, y tiene que ser capaz de esquivar o prevenir cualquier intento de agresión.

Es por ello que no debe revisar un vehículo ocupado si usted no cuenta con la protección necesaria.

- Solicite apoyo al Departamento de Seguridad de la instalación o evento, donde ejerzan sus funciones y
- En su defecto, llame a la autoridad policial.
- Cuando hagan acto de presencia las unidades de apoyo solicitadas procedan a la revisión y si hay tripulantes aplique las técnicas operativas para el control del conductor y/o de los ocupantes.
- Si ha tenido que solicitar directamente el apoyo de la Policía, por carecer de compañeros en el servicio, cuando la Policía haga acto de presencia, infórmeles de los hechos que motivaron sus sospechas y póngase a disposición de los agentes de policía.
- Después de que el conductor y/o ocupantes fueron registrados y retirados de su vehículo, se colocan a una buena distancia (zona de exclusión), para prevenir que puedan ser un estorbo durante el registro del vehículo. El vigilante de seguridad que custodia a los sospechosos debe vigilarlos de cerca, a fin de evitar que puedan desprenderse de evidencias.

1.1.9.e Orden de registro:

1º Ocupantes.

2º Carga.

3º vehículo

1.1.10 Partes del vehículo que debemos revisar:

1.1.10.a Extremo frontal o compartimento del motor:

Incluye motor, salpicadero y cofre, que ofrecen escondites excelentes.

Extremo frontal o compartimento del motor

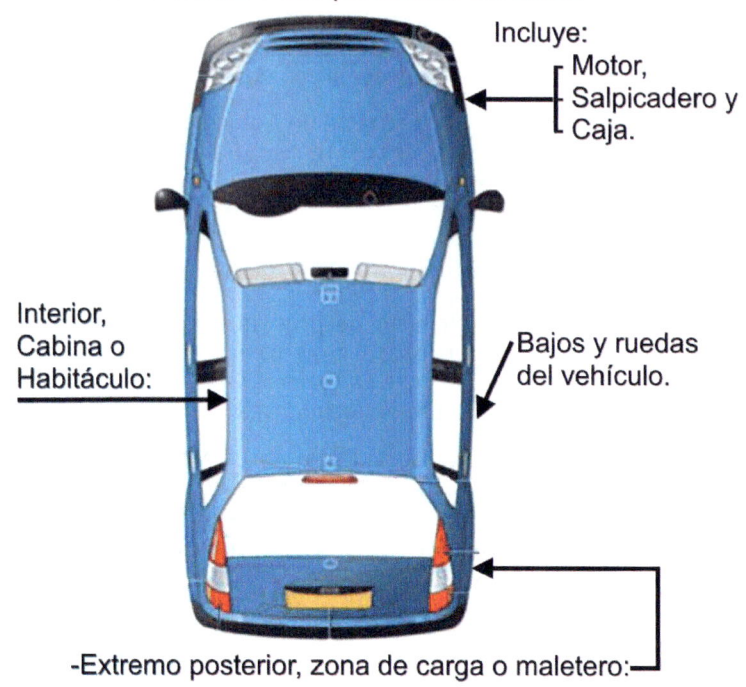

Incluye:
Motor,
Salpicadero y
Caja.

Interior, Cabina o Habitáculo:

Bajos y ruedas del vehículo.

-Extremo posterior, zona de carga o maletero:

- **El interior, cabina o habitáculo:**

Se debe buscar prominencias, rasgaduras o lugares pegados/cocidos; incluyendo el cinturón de seguridad, cualquier objeto es susceptible de ser escrutado cuidadosamente (lámpara de bolsillo, libro, revista o recipiente con atomizadores, etc.).

Las superficies exteriores del radio son un apoyo firme para colocar armas, como el compartimiento para guantes, orificio de aire acondicionado, etc.

Registre el interior de los asientos, su consistencia, palpe por debajo de ellos, entre los cojines, levante los tapetes del suelo, ceniceros y residuos.

TECNICAS Y PROCEDIMIENTOS PROFESIONALES (I)

- **El extremo posterior, zona de carga o maletero:**

Se examinará el chasis en busca de objetos fijos a la defensa mediante imanes o sujetos con cinta adhesiva o alambre en la cajuela, alfombra y/o tapicería. Observe si los tornillos o cinturones del tanque de la gasolina han sido removidos.

- **Ruedas:**

Verifique la presión, consistencia y olor que despide el aire de los neumáticos.

- **Bajos del vehículo**
- **Espejo con luz:**

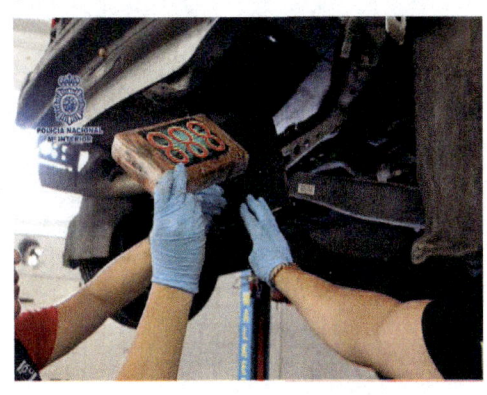

Para una mayor garantía la revisión de la parte baja de los vehículos se deberán realizar con la ayuda de un espejo específico que permite, localizar artefactos explosivos (bomba lapa) pues son muy fáciles de adosar en este lugar por medio de imanes.

Los espejos de inspección se utilizan para facilitar la búsqueda de los artefactos adosados en los bajos de los vehículos sin que se tenga que agachar para realizar la búsqueda.

Algunos de los modelos incorporan una linterna para iluminar la zona de inspección en caso de necesitarlo. Otros modelos vienen con ruedas para facilitar su deslizamiento.

Indalecio S. Santana & Orlando R. Socorro

1.2 La protección ante artefactos explosivos.

Hay quien opina que con la aparición de Internet el **terrorismo postal** está en vías de extinción.
Nada más lejos de la realidad, este tipo de envíos de cartas o paquetes bomba **siguen presentes en nuestra sociedad** y, por ello, es vital que **los vigilantes de seguridad conozcan aquellos indicios que les pueden hacer pensar que están ante una carta o paquete sospechoso.**

Los artefactos explosivos postales representan una amenaza latente para **organizaciones**, **empresas** o **las personas** en su lugar de trabajo o en sus hogares. La **facilidad con la que pueden enviar estos artefactos hasta el objetivo y el anonimato que proporcionan, los hace atractivos para grupos terroristas**, organizaciones criminales y en general, cualquier individuo con tendencias psicópatas.

Es por ello que los profesionales de la seguridad deben conocer las **pautas básicas con las que podrá saber qué hacer si se encuentra ante una carta o paquete que le infunda ciertas sospechas**.

Los riesgos que entrañan los sobres o paquetes recibidos por correo ordinario son muy serios, aunque moderados, siempre y cuando usted NO se abran el paquete o la correspondencia, ya que **están preparados para hacer explosión en la apertura, (hay excepciones)**.

Si los envíos de paquetes o cartas son recibidos vía mensajería rápida, ¡cuidado! entrañan más peligro, debido a que existe la posibilidad de otros sistemas de iniciación, como por ejemplo **sistemas de relojería u otro sistema activado por el criminal que lo ha enviado**.

En un gran porcentaje de casos, las víctimas del terrorismo postal comparten un mismo denominador: **abrieron el paquete, a pesar de que no esperaban ningún envío**.

> Se debe desconfiar de cualquier envío que como vigilante de seguridad considere anormal, tanto por su apariencia como por su procedencia, y en cualquier caso avisar a las Fuerzas y Cuerpos de Seguridad.

TECNICAS Y PROCEDIMIENTOS PROFESIONALES (I)

1.2.1 En caso de recibir un paquete sospechoso:

- No dude, No tema hacer el ridículo.

- Si tiene sobre la naturaleza de un paquete/sobre y cuenta con medios, revisar empleando rayos-x.

- No lo manipule, No lo abra, No lo tape o cubra con nada, No lo introduzca en agua. No lo huela o pruebe, y evite que otra persona lo haga.

- Valore que ese paquete/sobre, ha pasado por muchas manos por lo que moverlo no debería resultar peligroso, pero si **ya lo tienes en las manos, manéjelo con suavidad pues desconocemos** su configuración y sistema de activación, así que póngalo con cuidado sobre una mesa o cualquier superficie que tenga cerca y lávese rápidamente las manos con agua y jabón.

- No use el radio radiotransmisor, ni el teléfono móvil junto al artefacto sospechoso.

- Abra las ventanas y persianas de la habitación en la que se encuentre el supuesto artefacto, así se lograra reducir los efectos de la onda expansiva, y en caso de producirse una detonación, reduciremos los fragmentos proyectados hacía el exterior, como cristales, trozos de persiana, etc. (lo que se denomina segunda metralla).

- Aísle la zona, cree de inmediato un área de seguridad. evacuando la sala y las habitaciones contiguas.

- Active su plan de emergencia, Avise a la policía y custodia el paquete hasta su llegada. Notifique a los supervisores de la organización.

Recuerde que ante la sospecha de que estamos frente a un artefacto explosivo, siempre lo consideraremos como **REAL y cargado con un explosivo potente**.

1.2.2 En caso de amenaza de bomba.

La amenaza o aviso de bomba es uno de los modus operandi relacionados con el terrorismo más extendidos y fáciles de realizar, especialmente por el impacto que generan, los escasos medios invertidos y, sobre todo, por la impunidad y anonimato casi asegurado.

Aunque la mayoría de los atentados con artefactos explosivos tienen lugar sin previo aviso, todas las amenazas de bomba deben ser consideradas como verdaderas ya que, en ocasiones, en función de la radicalización y objetivos del terrorista, éste puede buscar causar un impacto sin provocar víctimas mortales.

> El terrorismo es una de las principales amenazas a nuestra seguridad, a nuestra convivencia y nuestro modo de vida. Por ello, todos sin excepción debemos contribuir a que nuestra sociedad sea más segura, más justa y protegida.

Mostramos el protocolo de actuación del vigilante de seguridad a seguir antes, durante y después de un aviso de bomba ya sea una amenaza real o no.

1.2.3 ¿Quién suele realizar los avisos de bomba?

Esta técnica de provocar terror e impacto en la actividad normal de cualquier persona u organización ha sido utilizada desde que existen los explosivos debido a su eficacia, eficiencia y efectividad en alterar el normal funcionamiento de cualquier espacio y organización, ya empleen explosivos reales, ficticios o se trata de una falsa amenaza de bomba.

TECNICAS Y PROCEDIMIENTOS PROFESIONALES (I)

Las personas o grupos que más utilizan esta técnica son:

1. **Económicas.**
2. **Raciales.**
3. **Políticas.**
4. **Personales.**
5. **Ideológicas.**
6. **Religiosas.**
7. **Psicológicas.**

1. Económicas.

Están basadas en los intentos de unos determinados grupos de presión de carácter económico de beneficiar sus intereses mediante la eliminación, por medio del atentado, de la persona que se oponga a los mismos.

2. Raciales.

Se fundamentan en la tensión existente en ciertos países africanos y en los estados Unidos como resultado de los enfrentamientos entre distintos grupos raciales, que suelen representar intereses contrapuestos, y que pueden llegar a utilizar el atentado como medio para conseguir el predominio.

3. Políticas.

Se pueden definir aquellas que se fundamentan en la esperanza de un grupo político de que con el asesinato del líder de otro grupo que detenta el poder, éste pasaría a sus manos.

Este tipo de causas podrá darse con más frecuencia en países de sistemas de gobierno muy centralizados y regímenes personalistas, donde la muerte de un líder puede suponer el cambio de sistema político.

4. Personales.

Se fundamentan en diferencias de tipo personal entre el agresor y su víctima.

Aunque se dan raramente es necesario citarlas por su esporádica aparición, como el asesinato de uno de los presidentes de Bolivia, a mano de uno de sus ayudantes en el curso de una discusión entre ambos.

5. Ideológicas.

Estas causas suponen la comisión del atentado basándose en discrepancias de tipo ideológico con el líder contra el que se pretende atentar.

Un ejemplo de este tipo de causas es la agresión contra un ministro de ideología izquierdista (por ejemplo), a manos de un estudiante de ideología ultraderechista.

6. Religiosas.

También en este caso la razón de su existencia se encuentra en el enfrentamiento entre grupos religiosos opuestos, como sucede en algunos países árabes (Irán) y en cierto modo en el Ulster.

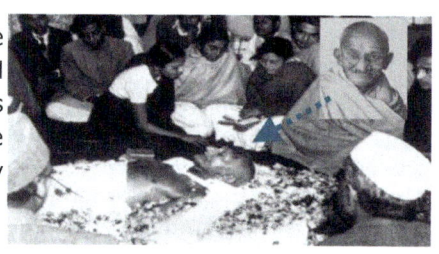

7. Psicológicas.

Se fundamentan en los desequilibrios mentales del ejecutor del atentado, que busca en la mayoría de los casos que su nombre sea dado a la publicidad o que satisfagan sus necesidades patológicas. Este tipo de causas se dieron en los atentados cometidos contra el Papa Juan Pablo II, el presidente Ford y el Gobernador Wallace.

1.2.4 Como reaccionar ante una amenaza de bomba.

Es difícil definir un protocolo de actuación fiable que permita discernir entre si una amenaza es real o creíble o por contra se trata de una amenaza falsa o una broma de mal gusto. De hecho, si existiese dicho protocolo de actuación, los terroristas podrían utilizarlo en su propio beneficio cuando quisieran.

Por ello, no existe un sistema fiable para discriminar con exactitud las falsas alarmas de las incidencias reales. En definitiva, ante cualquier amenaza de bomba, se pueden tomar tres decisiones alternativas:

1º) No prestar atención y seguir con las actividades como si la amenaza nunca hubiese tenido lugar.

2º) Efectuar una evacuación indiscriminada, sin realizar ningún tipo de comprobación ni contraste de la amenaza.

3º) Considerar la amenaza como real y actuar de forma preventiva.

Según los expertos en terrorismo, lo más adecuado es adoptar la tercera opción.

1.2.5 Actuación ante amenaza de colocación de un artefacto explosivo.

El antes, durante y después del aviso de bomba:

1.2.5.a Antes del Aviso de Bomba:

Antes del aviso de bomba, como vigilantes de seguridad **lo más esencial es que esté debidamente formado en esta materia, conocer y estar concienciados de los protocolos de actuación a llevar a cabo.** Además, se deberá explicar a todas las personas afectadas (trabajadores, usuarios, etc. de la empresa u organización, sobre cada detalle del protocolo a seguir y que consta en el plan de emergencia y/o evacuación.

Dicha formación debe ser impartida especialmente al **personal que suele estar más expuesto a recibir posibles avisos de bomba**, especialmente:

- Personal de seguridad.
- Controladores de acceso, porteros o conserjes.
- Ordenanzas o personal de mensajería interna.
- Personal de atención al cliente.
- Telefonistas o personal de centralita.

1.2.5.b Durante el Aviso de Bomba:

- **Si la comunicación de la amenaza es realizada por escrito:**

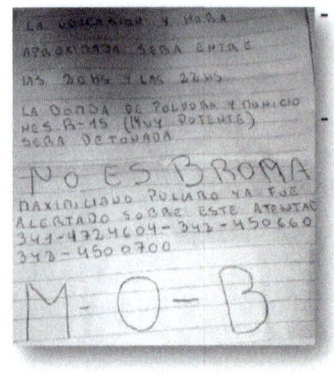

    - **Evita manipular** el papel, correo electrónico o soporte (grabadora, CD, etc.) y el continente (sobre, caja, ordenador, etc.).

    - **Realiza inmediatamente una llamada a la Policía** (en el caso de una empresa, también llamar al Departamento de Seguridad) facilitándoles toda la información verbalmente y, si así lo solicitan, enviarles el audio, el vídeo y/o una fotografía del mensaje y paquete recibido con el objetivo de que tengan la máxima información posible para valorar la amenaza y poder aconsejarte qué hacer en cada caso.

    - **Custodiar el contenido y continente del mensaje** (evitando que otras personas lo alteren, manipulen o destruyan). Cuando llegue la Policía, facilítales toda la información de cómo ha llegado el aviso de bomba, por qué manos ha pasado y las actuaciones llevadas a cabo tras su apertura.

- **Si la comunicación de la amenaza se realiza por vía telefónica (este es el medio más utilizado):**

    - Lo más esencial es prolongar la llamada lo máximo posible, extraer el máximo de información relevante posible y anotarla de forma objetiva y fidedigna.

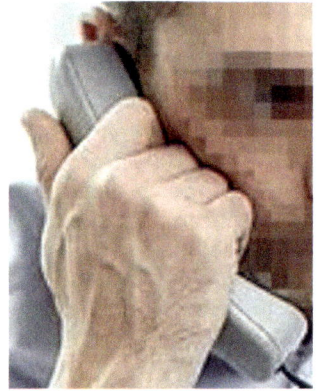

    - Tenga en cuenta que los segundos que dure la llamada **puede que sea usted la única persona que se mantenga contacto con el/a comunicante**, de ahí la importancia que toda la información sea recogida de forma **objetiva y fidedigna**.

    - **Concéntrese en mantener el control** para poder facilitar datos de gran valor a la Policía. Por el contrario, con toda seguridad la información que recojas se tergiversará y se

TECNICAS Y PROCEDIMIENTOS PROFESIONALES (I)

puede originar **desconcierto, desacierto y posiblemente una mala decisión.**

- Es importante tener en cuenta que **esa llamada telefónica será el único contacto con el terrorista, la única posibilidad donde se podrán obtener datos indispensables para decidir correctamente si la amenaza es real o no**.

Si se atiende correctamente dicha llamada, se podrán conseguir más datos que la simple advertencia y, **aunque parezca extraño, muchas veces el que realiza la amenaza contestará a preguntas**, pues puede ser inexperto o pretender que se conozcan las motivaciones de su hazaña.

Con estos objetivos, si se produce una amenaza telefónica, **como mínimo** debes seguir el siguiente protocolo de actuación:

- **Conectar el sistema de grabación** de la llamada (si lo hay).
- **Apuntar la hora y minuto exacto** de la llamada.
- **Apuntar la ubicación exacta de la bomba**, si es necesario repreguntando al comunicante las veces que sea necesario para especificar el punto concreto.
- **Apuntar la hora prevista de la explosión**.
- **Preguntar y anotar el aspecto del artefacto** (maletín, bolsa de deporte, mochila, vehículo, etc.)
- En función de los protocolos de seguridad vigentes en su establecimiento u organización, llamar directamente a la Policía facilitándole la información recabada.

Protocolo de actuación
Amenaza de bomba por teléfono

LO QUE DEBE HACER....
- Tomar **todas** las amenazas como si fueran "posiblemente ciertas"
- Recabar la información esencial (**ubicación exacta y hora**) para ganar tiempo y facilitar la comprobación
- Intentar recabar **información accesoria** y avisar a la Policía

LO QUE NO DEBE HACER...
- **Gritar** ni discutir con la persona que llama amenazando
- **Colgar** el teléfono al comunicante
- **Limitarte** a escuchar lo que se dice sin anotar todos los detalles
- **Demorarte** en avisar a la Policía

Es importante descubrir todo lo posible acerca de la persona que efectúa la llamada. Cuánto más tiempo permanezca la persona en el teléfono, mayor será la información que se pueda proporcionar a la Policía a posteriori.

Además, de cara a posteriores investigaciones, si no se graban las llamadas, es necesario fijarse en detalles tales como el acento **del que efectúa la llamada**, su **sexo**, o ruidos **ambientes** (maquinaria, música, conversaciones, etc.).

> La información más importante es el momento y lugar de la explosión. En primer lugar, deberá obtenerse esta información y, después, y sólo después, intentar conseguir más.

- **Usted, como vigilante debe saber obtener toda la información del comunicante.**

- **Para que el interlocutor siga en contacto y no cuelgue, pueden** utilizarse algunas de las siguientes estrategias**:**

    ✓ Dejar al comunicante hablar primero, pero si termina y no nos ha dicho la localización y hora de la explosión, intentar, sutilmente, preguntárselo. **Un truco que suele funcionar es fingir que no oye bien, o que hay una mala conexión con interferencias en la línea**.

    ✓ Si el que hace la llamada no quiere hablar y no ha dado todavía la información esencial, **debes decir: "espere, no cuelgue" y repetir las preguntas mencionadas anteriormente**. El mostrar un cierto escepticismo, restándole credibilidad al aviso, puede inducir a la persona a dar más información ya que el objetivo de su llamada es precisamente tratar de que la amenaza sea creíble.

    ✓ Una vez tenemos la información esencial o si no nos la ha querido facilitar, pero sigue en línea, **preguntarle por qué ha puesto la bomba**, tal vez quiera expresar algún problema emocional, injusticia o idea política. El hecho de "mostrarle interés y comprensión" puede mantenerle al teléfono lo suficiente como para detectar de dónde viene la llamada o impulsarle a dar la información que necesitamos.

TECNICAS Y PROCEDIMIENTOS PROFESIONALES (I)

- ✓ **Dudar de la seriedad de la llamada: alegando que es una broma de mal gusto.** Esto seguramente provocará que el comunicante siga hablando para que le tomen en serio.

- ✓ **Avisarle de la posibilidad de presencia de niños o personas inocentes** en el lugar amenazado y preguntarle si es tan inconsciente como para permitir que estos sean también víctimas.

- ✓ **Preguntarle si el artefacto se encuentra en un lugar inexistente**, en lugar de interrogarle por la exacta colocación de la bomba. Preguntar, por ejemplo, si la bomba se encuentra en el aparcamiento (si realmente no hay) o en la 5º planta cuando el edificio únicamente tiene tres plantas. En caso de que conteste afirmativamente, muy probablemente estaremos frente a una falsa amenaza).

Dado que la conversación puede ser estresante, los nervios suelen jugar una mala pasada, por ello **es importante la formación, la concienciación, la realización de simulacros frecuentes y disponer de los medios necesarios**.

- **Los medios que ayudan a dicho cometido pueden ser:**

  - En el caso de ser telefonista o trabajar en una centralita, **disponer de un impreso a mano** con las preguntas y espacios para poder ir anotando la información esencial, los trucos y la información accesoria que puede ser de utilidad.

  - Disponer de una **línea telefónica que grabe todas las llamadas**.

  - Disponer de un **sistema que permita escuchar la llamada en paralelo** con Departamento de Seguridad.

  - Disponer de un **botón/código exclusivo para avisar al servicio de Seguridad** y así ganar tiempo.

1.2.5.c Después del Aviso de Bomba:

Tras la recepción del aviso de bomba, ya sea por escrito o telefónicamente, se deberá **avisar a la Policía** y mientras se esperan instrucciones de la Policía, es aconsejable:

- **Custodiar el contenido y continente** del mensaje de aviso de bomba.
- Proceder a la **revisión de aquellos lugares en los que exista mayor riesgo de colocación de artefactos explosivos**, que suelen ser los lugares más accesibles o zonas comunes tales como:

  - Vestíbulo,
  - Pasillos,
  - Escaleras,
  - Baños y
  - Aparcamientos

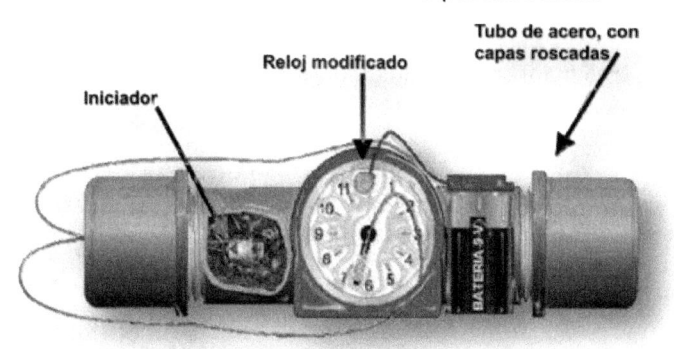

La revisión puede ejecutarse tanto presencialmente como a través de las cámaras de videovigilancia.

- Cuando llegue la Policía, se procederá a informarles, **de las circunstancias en las que se ha producido la llamada**, concretando todas las características que se conozcan, los lugares que se han revisado antes de su llegada y guíales por el edificio para la inspección o comprobaciones que consideren oportunas.
- Si la Policía en cualquier momento **da por creíble la amenaza**, será necesario evacuar todas las instalaciones de forma ordenada y en base a lo establecido en el **Plan de Emergencias o Plan de Autoprotección**.
- Si la Policía da por finalizada la revisión y abandona la zona o el edificio considerando negativa la amenaza, se continuará con las **actividades normales**.
- Tras el incidente es el mejor momento para hacer un **análisis de la incidencia y de cómo se ha gestionado**, haciendo partícipes del mismo a todas las personas involucradas e **implementando las mejoras formativas o medidas de seguridad que sea necesario**.

Hasta aquí este repaso del "**Protocolo de actuación ante una amenaza o aviso de bomba**".

TECNICAS Y PROCEDIMIENTOS PROFESIONALES (I)

A mayor conocimiento sobre el protocolo de actuación, **menos víctimas habrá** y **más resiliente será nuestra sociedad** ante este tipo de modus operandi en concreto y a la amenaza del terrorismo en general.

1.2.5.d Objetivo de la búsqueda:

Procedimiento de actuación:

- **debe existir jefe de investigación.**
- **obtener** un plano del lugar
- **constituir equipos** de dos personas, pero no ir juntos los dos miembros del equipo.
- **llevar equipos adecuado**, linternas, radio-transmisor, etc.
- **valorar la colaboración de personas** que no pertenecen al equipo de seguridad en función de su conocimiento del lugar.
- **no perder interés** en la búsqueda, para ello habrá descansos cada 15 - 30′.
- **Determinar código** de marcas o señales de las zonas revisadas y/o limpias.
- Registrar en el plano las zonas ya investigadas, comunicar permanentemente las novedades (salida de lugares).
- No dejar ningún lugar sin reconocer
- Como reglas generales, en cada local se procederá de **fuera hacia adentro y de abajo hacia arriba no se debe dejar nada a la espalda sin "limpiar"**.
- **En caso de encontrar un paquete** sospechoso, no dejen de buscar un probable segundo artefacto.
- No tocar ningún objeto.
- Avisar al EDEX en caso de objeto sospechoso.
- Sospechar de todo lo anormal.
- Atención a puntos de paso obligado.
- Cuidar iluminación en ambientes oscuros.
- Atención a objetos abandonados.
- Cuidado instalaciones eléctricas

1.2.6 Evacuación de la instalación o evento.

Si tras una amenaza de bomba, no hubiera tiempo para esperar a la Policía, o si durante el registro apareciera un artefacto explosivo, los responsables del servicio de seguridad (jefe de incidencias), deberán decidir, respecto a la necesidad de realizar una evacuación.

1.2.6.a Evaluación de la situación.

En los casos en los que evalúa la necesidad de ejecutar una evacuación por artefacto explosivos, es aconsejable tener en cuenta:

- La verosimilitud de la amenaza.
- Existencia de una campaña terrorista.
- Nivel de alerta antiterrorista.
- Localización "objeto sospechoso"
- El tipo de local o acontecimiento:
    - Escuelas
    - Hospitales
    - Centrales eléctricas
    - Edificios públicos y/o comerciales
    - Refinerías y fábricas

- **Recuerde que,** si decide evacuar, deberá estar claro el nivel de riego existente para las personas, trabajadores y usuarios, ya que esta decisión:
    - **Paraliza la actividad del lugar afectado.**
    - **Pueden quedar instalaciones sin protección.**
    - **Se puede aprovechar el desorden para colocar el artefacto explosivo.**

TECNICAS Y PROCEDIMIENTOS PROFESIONALES (I)

- Mal controlada, puede generar pánico

- **Evacuación total:**

  Cuando se confirma la existencia de artefacto explosivo y desconocemos su capacidad de destrucción.

- **Evacuación parcial:**

  - **Localización específica del artefacto explosivo.**
  - **Aparición de paquete sospechoso sin amenaza previa.**

- **Como norma general habrá que evacuar:**

  - Si el mensaje procede de un grupo con entidad.
  - Inmersos en campaña terrorista (NAA).

- **Procedimiento de evacuación:**

  La evacuación se debe ejecutar de arriba abajo y de dentro hacia fuera" y ha de realizar:

  - Con **orden.**
  - **Rapidez**.
  - **Disciplina.**

- **Con carácter general, se deberán tener en cuenta las siguientes precauciones:**

  - Evitar crear situaciones de pánico.
  - Si es posible, cada uno debe llevarse sus pertenencias.
  - Dejar abiertas puertas y ventanas.
  - No utilizar ascensores ni montacargas.
  - Tratar de asegurar elementos que puedan ser proyectados.
  - Colocar cintas cruzadas en los cristales para evitar proyecciones.
  - Cerrar o anular los circuitos de agua, gas y electricidad para evitar ampliación de daños.

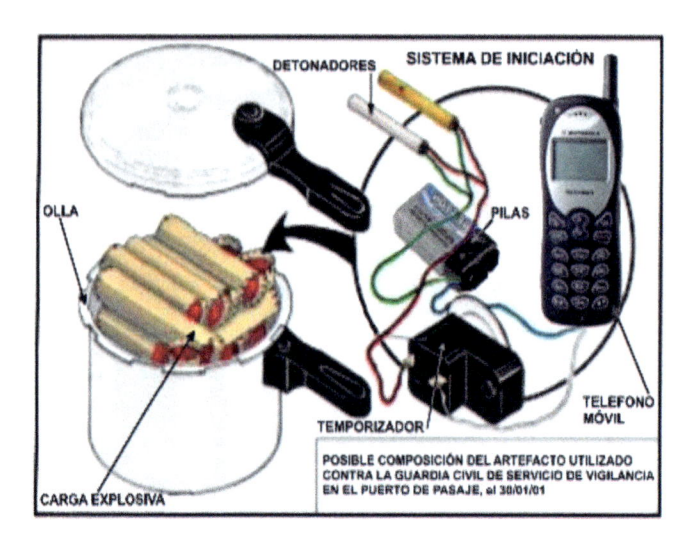

1.2.7 Colaboración con las Fuerzas y Cuerpos de Seguridad.

- Tras la recepción del aviso de bomba, ya sea por escrito o telefónicamente, el servicio de seguridad del establecimiento deberá **avisar a la Policía** a través del 1-1-2.

- Cuando las unidades policiales, hacen acto de presencia en las instalaciones, se procederá a informarles, **de las circunstancias en las que se ha producido la llamada**, concretando todas las características que se conozcan, los lugares que se han revisado antes de su llegada, poniéndose a su disposición para guiarles por el edificio y en las cuestiones que la labor policial necesite del personal de seguridad.

- Si la Policía **da por creíble la amenaza**, será necesario evacuar todas las instalaciones de forma ordenada y en base a lo establecido en el **Plan de Emergencias o Plan de Autoprotección**.

- En caso contrario, si la Policía da por finalizada la revisión y abandona la zona o el edificio considerando negativa la amenaza, se continuará con las **actividades normales**, elaborando el oportuno informe del incidente.

TECNICAS Y PROCEDIMIENTOS PROFESIONALES (I)

1.3 El sistema integral de seguridad.

Podemos definirlo como la seguridad de un objetivo, como el conjunto de elementos y sistemas de carácter físico y electrónico que, junto con la adecuada vigilancia humana, combinado con los planes normas o estrategias; proporcionan un resultado armónico de seguridad relacionado directamente con el riesgo que soporta.

> La coordinación eficaz de la aplicación de los medios humanos, técnicos y procedimentales con la finalidad de proteger bienes y personas, lo denominamos SISTEMA INTEGRAL DE SEGURIDAD.

1.3.1 Plan Integral de Seguridad (PIS):

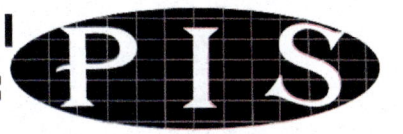

La interrelación operativa entre los mencionados medios, con la finalidad de proteger unos bienes o personas de una determinada amenaza y en un lugar concreto, lo denominamos PLAN INTEGRAL DE SEGURIDAD.

FUNCIONES del PIS		
DISUASIÓN	DETECCIÓN	REACCIÓN
✓ Retener	➢ Vigilar	• Alarmar
✓ Retrasar	➢ Alertar	• Comprobación
✓ Restringir	➢ Reconocer	• Evaluación
✓ Canalizar	➢ Comunicar	• Decisión

Para realizar un buen sistema integral de seguridad lo primero que hay que hacer es un estudio de ANÁLISIS DE RIESGOS Y VULNERABILIDADES.

1.3.2 Medios de protección:

La concepción actual de la integración e interrelación de los medios técnicos –activos y pasivos– con los humanos, debidamente coordinados, constituye una sólida forma de dar solución a los problemas de Seguridad.

Con carácter general, los medios de protección tienen unas funciones genéricas diferentes y complementarias. Es decir, la seguridad de un objetivo depende de manera general, de tres tipos de medios:

1.3.2.a Medios humanos:

Integrados por Vigilantes de Seguridad que pueden asumir los cometidos de operadores del Centro de Control, vigilancia y protección, en sus diversas formas. Tienen la función básica de reaccionar contra la acción agresora, para anularla o neutralizarla, además de realizar funciones de control técnico de los sistemas y de vigilancia óptica, entre otras.

Se trata de las personas que tienen la responsabilidad de gerenciar la Seguridad en un determinado lugar, para lo cual analizan y valoran el peligro o amenaza, adoptando las medidas adecuadas para cada caso.

1.3.2.b Medios técnicos.

Son los medios físicos o electrónicos utilizados en el SIS, para prevenir los riesgos y proteger los objetivos.

- ## Pasivos (físicos).

    Muros, rejas, vallas, cristales especiales, puertas de seguridad... Su finalidad principal es la de proporcionar el retardo suficiente a la acción agresora, para asegurar la actuación de los medios humano de seguridad.

TECNICAS Y PROCEDIMIENTOS PROFESIONALES (I)

- **Activos (electrónicos).**

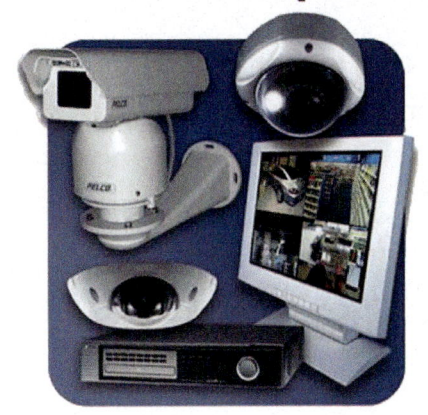

Son el conjunto de sistemas de detección, centralización y óptica, principalmente. Su función es la de producir la necesaria alarma, desde el momento en el que se desencadena la amenaza, y proporcionar información permanente de su desarrollo. Los medios ópticos pueden asegurar el seguimiento de la acción agresora en tiempo real, facilitando la actuación eficaz de los medios humanos de seguridad.

- **Medios organizativos.**

Representadas por los planes parciales de actuación, las normas de seguridad, los procedimientos de seguridad de todo tipo y las órdenes de puesto. Tienen la finalidad esencial de garantizar la imprescindible coordinación de los medios anteriormente citados.

Se trata de la organización del PIS, desde la oficina de planificación, se analizarán los diferentes aspectos y diseñarán los procedimientos a ejecutar.

- **Un sistema integral de seguridad, para su eficaz misión; depende de la coordinación eficaz de los medios detallados con anterioridad.**

    Un eficaz sistema de seguridad debe ser, al mismo tiempo, defensivo y ofensivo.

    - ## Misión Defensiva:

        ✓ Detectar cualquier intento de agresión, intrusión o peligro real.

        ✓ Detener y obstaculizar los daños causados por la fuente del peligro.

        ✓ Identificar y localizar el peligro para poder actuar en consecuencia.

- **Misión Ofensiva:**
  - ✓ Proporcionar una garantía máxima y un tiempo mínimo de reacción ante el peligro.
  - ✓ Facilitar la investigación inmediata.
  - ✓ Neutralizar rápidamente todo intento de agresión, intrusión o peligro real.

1.3.2.c Intervención:

Cuando las labores de PREVENCIÓN y DISUACIÓN, no han logrado impedir que el RIESGO se materialice, se ha de responder adecuadamente, esta respuesta es lo que definimos como INTERVENCIÓN.

1.3.3 Teoría esférica de la seguridad.

La Teoría esférica de seguridad es una estructura de protección con diferentes niveles de seguridad que se establece en torno a una persona, o cosa, con diferentes niveles de seguridad, como si ese sujeto/objeto de protección se encontrara en el interior de una esfera, cuyo centro es el núcleo (o sea el objeto/objeto a proteger) y la esfera es el escudo de protección.

- Por el subsuelo: metro, sótanos y trasteros, aparcamientos, etc.
- Por encima: azoteas, ventanas y balcones.
- A nivel intermedio: todo lo que encontremos a nuestro alrededor, en nuestro entorno, el de nuestro objeto de protección, el de las personas a proteger.

GRAFICO DE LA TEORÍA ESFERICA DE LA SEGURIDAD

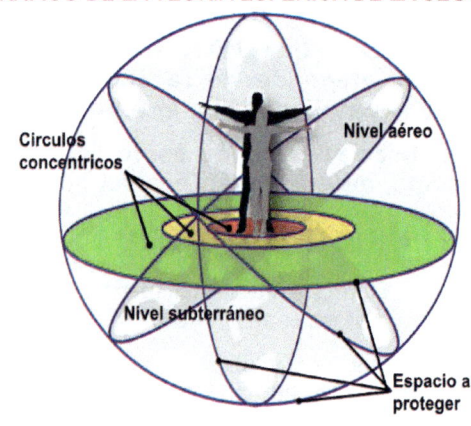

"Si se compara el sujeto o el objeto a proteger con el punto concéntrico de una esfera, el espacio a vigilar debe ser equidistante en todas direcciones, es decir, de frente, por la espalda, por encima, por debajo, al lado derecho y al lado izquierdo del objetivo".

Un buen estudio de vulnerabilidades, estudio de amenazas y riesgos, nos puede evidenciar las medidas de seguridad que debemos tomar reduciendo así ese riesgo.

1.3.4 Teoría de los Círculos Concéntricos:

La teoría de los círculos concéntricos de la seguridad es un concepto esencial, y se entiende por tal una serie de medidas de protección cada vez más restrictivas, conforme nos aproximamos al objetivo a proteger, el cual se ubica en el centro.

    1.3.3.a La seguridad se establece en Círculos Concéntricos tomando como centro el objeto o sujeto a proteger, de forma que los medios de humanos, técnicos y organizativos estarán situados en el círculo que se le asigne.

    1.3.3.b Se puede decir que ambas teorías son muy similares y se complementan la una a la otra.

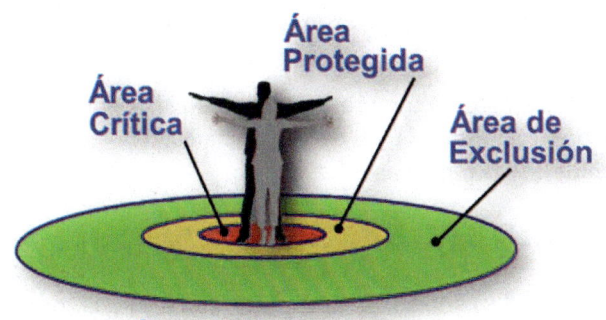

Área Protegida
Área Crítica
Área de Exclusión
Área de Influencia

1.3.5 Normalmente se establecen tres círculos:

1.3.5.a Primer círculo, de protección inmediata de la persona. Está formado por Escoltas, o Vigilantes encargados de la protección, su número depende de la importancia de la personalidad o de la cosa protegida. Su misión es proteger al

sujeto/objeto de cualquier peligro, deben cubrir el objetivo y evacuarlo inmediatamente en caso de peligro o ataque si así está previsto en el PIS. Y suelen ir armados.

1.3.5.b Segundo círculo, de vigilancia.

Está formado por:

Un número indeterminado de personal de seguridad cuya misión es proteger a la personal VIP desde un área más amplia, es decir, edificios, caravanas... mediante puestos de control y vigilancia. Van uniformados y de paisano, son personal armado.

1.3.5.c Tercer círculo, es de observación.

Está formado por:

Un número indeterminado de profesionales de seguridad con la misión de proteger a la personalidad en un área mucho más amplia con labores de observación principalmente. Van uniformados y armados.

Dentro de este círculo se pueden utilizar medios especiales como helicópteros. Puntos fijos de vigilancia con francotiradores y puestos móviles como patrullas.

1.3.6 Zonas y áreas de seguridad.

1.3.6.a Espacio a proteger, constituidas por el objetivo a proteger, su perímetro y el entorno más próximo. Son aquellos espacios en los que dividimos el lugar proteger y que demandan unas medidas específicas de Seguridad.

- **Tipos de Áreas:**
  - **Área de Influencia.**

    Espacio que rodea la instalación, normalmente no es propia, sería el área exterior a la de exclusión, desde la que resulta factible la ejecución de acciones contra la integridad de las áreas protegidas.

TECNICAS Y PROCEDIMIENTOS PROFESIONALES (I)

- Área de Exclusión.

Espacio propio que rodea al Área Protegida, debidamente señalizada, de uso restringido o acceso limitado.

Área coincidente con el perímetro del complejo, siendo el espacio más alejado del edificio a proteger, se emplean los siguientes medios de protección:

- ✓ **Físicos**: Puertas, cristales blindados, rejas, etc.
- ✓ **Electrónicos:** cctv, volumétricos, etc.
- ✓ **Humanos:** control de accesos, rondas y puestos de vigilancia.
- ✓ **Procedimentales:** protocolos, claves, contraseñas, acreditaciones, etc.

- Área Protegida.

Espacio delimitado por barreras físicas y de acceso controlado, en la que se ejerce cierto control del movimiento.

Parte comprendida entre el circulo de exclusión y el edificio a proteger, se emplean los siguientes medios:

- o **Humanos:** rondas de vigilancia, apoyo de equipos caninos.
- o **Técnicos:** CCTV, volumétricos, etc.

- Área Crítica.

Delimitada por barreras físicas con acceso y permanencia objeto de especiales medidas de control.

- ✓ Espacio de máxima protección, formada por:

- El edificio, instalaciones o persona para proteger,
- Los medios de protección:
  - **Físicos:** puertas, cristales blindados, rejas, etc.
  - **Electrónicos:** cctv, volumétricos, etc.
  - **Humanos:** control de accesos, rodas, puestos de vigilancia.
  - **Procedimentales:** protocolos, claves, contraseñas, etc.

1.4 La autoprotección.

1.4.1 Técnicas y procedimientos de autoprotección personal:

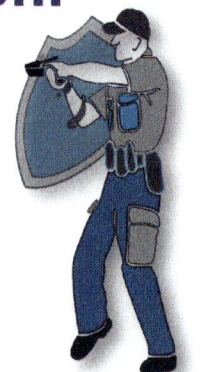

1.4.2 ¿Qué es y para qué sirven...?

En la sociedad actual, y más en las grandes ciudades, cualquier ciudadano está sometido a una serie de riesgos, bien sea contra su vida, la de sus familiares o su patrimonio, aunque esta situación.

Conviene pues, que se tomen medidas de autoprotección, entendiendo que éstas se pueden definir como:

> "**El conjunto de medidas tomadas por el propio interesado, que tienden a neutralizar o reducir situaciones de riesgo contra su integridad, la de sus familiares o su patrimonio**"

Dentro del conjunto de los ciudadanos se encuentra el personal de Seguridad Privada, que tiene unas labores especiales respecto a la protección:

TECNICAS Y PROCEDIMIENTOS PROFESIONALES (I)

1.4.2 Personal de Seguridad Privada

1.4.2.a Misión básica:

Proteger las vidas y bienes encomendados a su custodia.

1.4.2.b Obligación:

Complementar la Seguridad interior auxiliando y colaborando con los Cuerpos y Fuerzas de Seguridad.

Aunque las normas de autoprotección sean útiles para todos los ciudadanos, como profesionales de la Seguridad no estará de más el conocer y comenzar a poner en práctica unas cuantas **normas elementales de autoprotección.**

1.4.3 Factores de RIESGOS:

- Nuestra integridad jurídica.
- Nuestra Integridad económica.
- Nuestra integridad física.
- Nuestra integridad Psicológica.

1.4.3.a Nuestra integridad jurídica.

La configuración de las técnicas, tácticas y estrategias, su desarrollo en el aprendizaje y las prácticas para la adquisición de destreza, están estrictamente impregnada de la doctrina emanada de las leyes existentes.

- **Por tanto, No vale todo, con tal de alcanzar los objetivos previstos, SIEMPRE se ha de actuar dentro del marco jurídico existente.**
  - **Cualquier otra interpretación:**

- ✓ Rozaría la infracción penal, e igualaría los actuantes con la delincuencia que combate...
- ✓ Podría acabar con los profesionales entre rejas...

1.4.3.b Nuestra integridad económica.

Además, una condena judicial y/o sanción administrativa, puede conllevar:

- El pago de indemnizaciones a los delincuentes, por parte de los profesionales de la seguridad.
- El abono de una multa a la Administración correspondiente.
- Etc.

1.4.3.c Nuestra integridad física.

La vida es el bien más preciado y por ello debemos rodearnos de medios y medidas encaminadas a la prevención y defensa de este bien, irrepetible.

TECNICAS Y PROCEDIMIENTOS PROFESIONALES (I)

- **Procedimiento y medios de protección dirigidos a protegernos:**
    - Ante una agresión física.
    - Ante una exposición directa a elementos perjudiciales para la salud (RX, virus, etc.).

1.4.3.d Nuestra integridad psicológica.

Serán muchas, las situaciones extremas que usted vivirá en primera persona, y para las que usted deberá estar preparado, al objeto de afrontarlas con éxito, desde el punto de vista psicológico, (estrés, ansiedad, injusticias, violencia, miedo, personas que mueren en sus brazos, opulencia, miseria, etc.

Buscar recursos propios... que le permita sobrevivir a cada intervención.

Riesgos profesionales propios de la labor de cada ciudadano.

Producción de determinados RIESGOS profesionales, derivados de las actividades:

- **Patrullas.**
- **Persecución de delincuentes.**
- **Protección de instalaciones.**
- **Controles de accesos.**
- **Auxilio de víctimas.**
- **Manejo de medios técnicos.**
- **Protección de polígonos.**
- **Protección de instalaciones.**
- etc.

Como hemos comentado, la Autoprotección es la puesta en práctica de las de las medidas necesarias, para **EVITAR o REDUCIR** al mínimo los posibles Ataques contra la seguridad, en este caso de/a Vigilante de Seguridad.

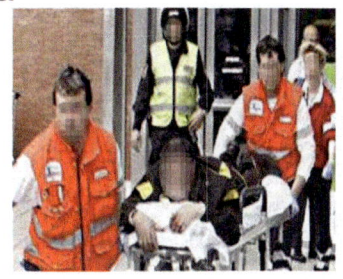

Las medidas de seguridad las vamos a desarrollar en los dos grupos siguientes:

1.4.4 Medidas Activas.

- Las que puede adoptar una persona, ayudada por medios técnicos de Seguridad Electrónica.

    - **Alarmas.**
    - **Detectores.**
    - **CCTV,**
    - etc.

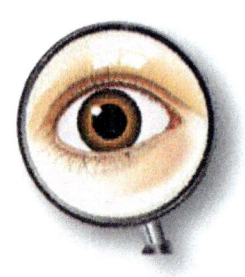

- Las actitudes personales como:

    - **Observación.**
    - **Información.**
    - **Percepción.**
    - **Prudencia.**
    - **Prevención.**
    - **Decisión.**

- **Otras tales como:**

    - **Prácticas de tiro.**
    - **Defensa personal de seguridad.**
    - **Entrenamiento físico.**

1.4.5 Medidas Pasivas.

- Son los obstáculos físicos o los elementos de seguridad física dispuestos contra un posible ataque como:

    - **Vallas.**
    - **Puertas.**
    - **Cristales blindados.**

1.4.5.a EPI: Equipo de Protección Defensiva (EPD):

Son aquellos dispositivos, medios o dotaciones de carácter profesional, que disponga el agente de seguridad pública y/o privada, con el objetivo de que le proteja contra uno o varios riesgos que amenace su seguridad.

1.4.6 Autoprotección en el trabajo,

1.4.6.a En el Puesto de Servicio.

En la mayoría de las instalaciones en la que se presta servicio, el puesto desde el cual se desarrollará nuestra actividad de vigilancia, estará ya prefijado. No obstante, será conveniente que estén presentes una serie de características:

- **Situación apartada del acceso directo del público.** De no ser así, nos debemos colocar de forma que presentemos siempre la espalda a una pared y tengamos el mayor campo visual posible.

- **Es aconsejable tener en la mesa un timbre** o aparato de alarma con el que podamos dar la señal para pedir ayuda en caso de que algún intruso haya conseguido acceder a la instalación o nos esté planteando algún problema grave.

- **No debemos tener la mesa del puesto junto a ventanas** directamente orientadas hacia algún edificio o azotea.

- **En instalaciones de alto riesgo** es conveniente tener un detector de metales y/o explosivos, para inspeccionar paquetes y otros objetos que puedan ser introducidos en las mismas.

- **No dejar a la vista documentos importantes o relacionados** con partes, informes, listados de accesos, etc. particularmente durante la noche y el fin de semana.

- **Se deben cerrar todos los estantes y armarios, con llave,** cuando no se estén utilizando.

1.4.6.b En los Accesos (entradas y salidas).

- **NO utilizar regularmente, el mismo aparcamiento.**
- **Cambiar el horario de llegada al trabajo.**
- **Cambiar regularmente el recorrido.**
- **Si existen varias puertas, no entrar siempre por la misma.**

1.4.6.c Respecto a la correspondencia.

Si se recibe carta o paquete sospechoso, NO ABRIRLO.

NO aceptar ningún paquete, si desconoce su origen.

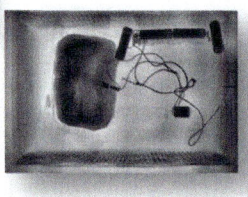

TECNICAS Y PROCEDIMIENTOS PROFESIONALES (I)

1.4.6.d En relación con su vehículo.

En los asesinatos es más común fijar la bomba (**bomba lapa**) en los bajos del coche. En estos casos, la bomba explota cuando el objetivo se aproxima o cuando pone su coche en marcha o, con frecuencia, poco tiempo después de ponerlo en marcha, asegurando así que el objetivo está dentro del coche. Por esta razón, hay que comprobar a menudo los bajos de los vehículos.

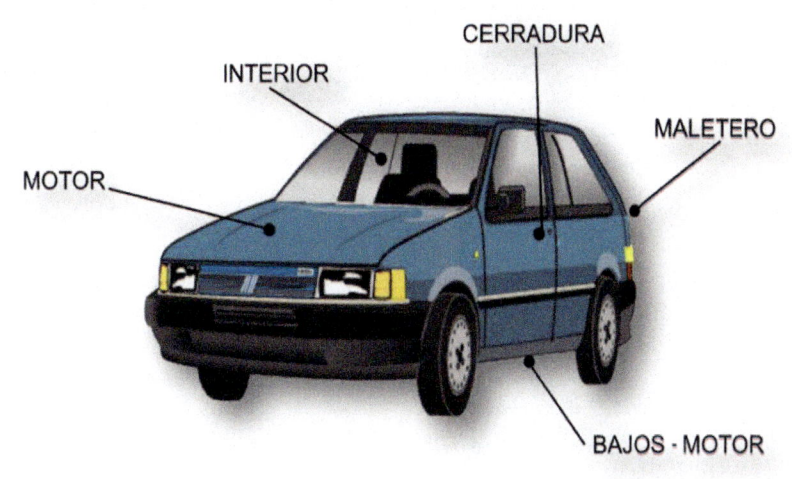

Especialmente si aparca en la vía pública examinar:

1.4.6.e En el domicilio,

Estar bien informado de lo que pasa en el entorno de su domicilio. No bajar la guardia:

- **Observar:**
  - Personas habituales.
  - Vehículos aparcados cerca de puertas de salida.
  - Objetos extraños.
  - Garaje,
  - etc.

- **Conducta:**
  - No caer en rutinas peligrosas,
  - ser discretos,
  - etc.

- **Seguridad física.**

  Completar poniendo obstáculos físicos como:
  - Rejas.
  - Puertas blindadas.
  - Etc.

- **Antes de salir de casa**

- Conviene que **observemos desde una ventana la situación general de la calle para poder** detectar cualquier situación sospechosa.

- Una vez **en el portal y antes de salir a la calle, se** detendrá durante unos instantes, y mirará a un lado y a otro para ver si hay alguna persona de aspecto sospechoso que se encuentre próxima al portal.

- También debe observar a cualquier vehículo con alguien al volante o si próximo a su domicilio, se encuentra algún individuo sospechoso hablando con su teléfono móvil.

- Dentro de lo posible es conveniente **no salir a la misma hora.**

TECNICAS Y PROCEDIMIENTOS PROFESIONALES (I)

- Al salir, debemos **cruzar la calzada y no tomar nunca la** acera de nuestro propio portal. De esta forma tendremos mayor campo de visibilidad y podremos detectar a cualquier persona que nos este esperando en la próxima esquina.

- No debemos recorrer los doscientos metros próximos a nuestro domicilio por la misma **ruta. Alejándonos de él,** debemos cambiar el itinerario con frecuencia.

1.4.6.f En los desplazamientos,

- **A pie:**

- Observar siempre antes de comenzar a andar.
- Observar las mismas medidas que en vehículo.
- Si sospecha que le siguen, parar y observar con cualquier excusa.
- Escoger itinerarios concurridos, etc.

- **En vehículo:**

    - No hacer siempre el mismo recorrido.
    - No Salir o entrar a la misma hora.
    - No acudir a los mismos sitios los mismos días.
    - En caso de parada, dejar espacio para salir con urgencia.
    - Si creen que le siguen parar y observar.

1.4.7 En otros lugares/circunstancias.

- **En caso de asalto:**

    - Conserve la calma.
    - Escuche atentamente al asaltante.
    - Demuestre que desea cooperar.
    - Piense en su persona; no defienda sus pertenencias.

- No mire fijamente al asaltante.
- No intente quitarle el arma al asaltante.
- No entorpezca la huida del asaltante.
- No siga al asaltante.
- No mueva algún objeto tocado por el asaltante.
- De ser posible, memorice detalles que puedan ser importantes.
- Comuníquese de inmediato con la POLICIA.
- COMPARESCA y MANIFIESTE los hechos ante la Policía y /o autoridades correspondientes.

- **En caso de disparos**

  Si se encuentra en su domicilio:
    - Evite huir corriendo.
    - Tírese al suelo.
    - Aléjese de puertas y ventanas.
    - Busque refugio en una pared, en un lugar seguro para resguardarse, como cualquier habitación sin ventanas (el baño, etc.) o por debajo de un vehículo.
    - Manténgase resguardado mientras cesa el tiroteo.
    - Informe del evento a las líneas del 1-1-2 o de la POLICIA (091).
    - No utilice cámaras o teléfonos para grabar la situación.
    - Colóquese boca abajo con los brazos por encima de la cabeza.
    - No trate de identificar a los agresores.
    - En caso de que tenga que huir del lugar, evite detenerse por objetos personales.
    - Atienda las instrucciones de las **POLICIA** y Autoridades.
    -

TECNICAS Y PROCEDIMIENTOS PROFESIONALES (I)

- **Si viaja en vehículo:**
    - Deténgase y tírese al piso del vehículo.
    - No salga corriendo del vehículo.
    - No utilice cámaras o teléfonos para grabar la situación.
    - De ser posible, encienda las luces interiores e intermitentes.
    - Si viaja con menores, busque protegerlos con su cuerpo o use los asientos para ese fin.
    - Manténgase en el vehículo mientras dure el tiroteo.
    - Si puede circular, continúe avanzando sin aumentar la velocidad ni hacer maniobras violentas o prohibidas.
    - Informe del evento a las líneas del 1-1-2 o de la **POLICIA** (091).

- **En caso de secuestro:**
    - **En el momento de la captura:**
        o Mantenga la calma.
        o Escuche con atención y coopere con los secuestradores.
        o Estime la hora y la duración del traslado hasta el lugar final.
        o No diga a sus secuestradores que sus demandas no serán cumplidas.
        o Manténgase atento de todo lo sucede.

- **Durante el cautiverio:**
    - Coopere con los secuestradores.
    - Informe a los secuestradores si se tiene alguna necesidad médica.
    - No de más información ni mienta.
    - No trate de escapar.
    - No use la violencia física o la agresión verbal.

- Acepte los alimentos que le ofrezcan.
- Mantenga la mente ocupada.
- Desconfíe de cualquier información de los secuestradores.
- No contradiga a los secuestradores.
- Tenga confianza en su **POLICIA**.

- **Al momento de la liberación:**
    - Siga las instrucciones de los secuestradores.
    - No se frustre por el retraso en la liberación.

1.5 Prevención de riesgos laborales.

La **prevención** de **riesgos laborales** tiene la finalidad de mejorar la seguridad y la salud de los trabajadores en sus puestos de trabajo. Todo ello tratando de aplicar medidas y el desarrollo de las actividades que sean necesarias para poder **prevenir** los riegos orientados a la realización del trabajo.

1.5.1 Normativa básica.

La normativa sobre prevención de riesgos laborales está constituida por la Ley 31/1995, de 8 de noviembre, de Prevención de Riesgos Laborales, sus disposiciones de desarrollo o complementarias y cuantas otras normas, legales o convencionales, contengan prescripciones relativas a la adopción de medidas preventivas en el ámbito laboral o susceptibles de producirlas en dicho ámbito.

TECNICAS Y PROCEDIMIENTOS PROFESIONALES (I)

- **RD 39/1997, de 17 de enero, por el que se aprueba el Reglamento de los Servicios de Prevención**

    El **RD 39/1997** es el texto legal que desarrolla reglamentariamente la Ley 31/1995, de 8 de noviembre en nuestro país.

    Normativa de PRL sobre: Lugares de trabajo

- **Real Decreto 485/1997**, de 14 de abril. Sobre disposiciones mínimas en materia de señalización de seguridad y salud en el trabajo

    Esta **norma de PRL** tiene por objeto garantizar que en los lugares de trabajo exista una adecuada señalización de seguridad y salud siempre que los riesgos no puedan evitarse o limitarse suficientemente a través de medios técnicos de protección colectiva, y cumpliendo con lo establecido en los anexos I a VII de dicho Real Decreto.

- **Real Decreto 486/1997**, de 14 de abril. Por el que se establecen disposiciones mínimas de seguridad y salud en los lugares de trabajo

    Este Real Decreto define los criterios de carácter general que garanticen la seguridad y salud en los lugares de trabajo, adoptando las medidas necesarias para que la utilización de los lugares de trabajo no origine riesgos para la seguridad y saludo de los trabajadores

- **Real Decreto 487/1997**, de 14 de abril. Sobre disposiciones mínimas de seguridad y salud relativas a la manipulación manual de cargas.

    Esta norma establece el marco que garantice la protección de los trabajadores frente a los riesgos derivados de la manipulación de cargas (levantamiento, colocación, empuje, tracción o desplazamiento). En especial se procurará la utilización de equipos para el manejo mecánico de las mismas, de forma automática o controlada por el trabajador.

- **Real Decreto 488/1997,** de 14 de abril. Sobre disposiciones mínimas de seguridad y salud relativas al trabajo con equipos que incluyen pantallas de visualización.

    Este Real Decreto es la **norma de PRL** que regula la protección frente a los riesgos para la vista, problemas físicos y de carga mental derivados de la utilización de equipos provistos de pantallas de visualización de datos.

- **Real Decreto 374/2006**, de 6 abril, sobre la protección de la salud y seguridad de los trabajadores contra los riesgos relacionados con los agentes químicos durante el trabajo

Este Real Decreto tiene por objeto establecer las disposiciones mínimas para la protección de los trabajadores contra los riesgos derivados de la presencia de agentes químicos en el lugar de trabajo.

- Real Decreto 665/1997, de 12 de mayo. Sobre la protección de los trabajadores contra los riesgos relacionados con la exposición a agentes cancerígenos durante el trabajo

Establece las disposiciones mínimas aplicables a las actividades en las que los trabajadores estén o puedan estar expuestos a agentes cancerígenos debido a la naturaleza de su puesto de trabajo.

- **Real Decreto 664/1997**, de 12 de mayo. Sobre la protección de los trabajadores contra los riesgos relacionados con la exposición a agentes biológicos durante el trabajo

Este Real Decreto determina las disposiciones mínimas aplicables a las actividades en las que los trabajadores estén o puedan estar expuestos a agentes biológicos debido a la naturaleza de su tarea o puesto de trabajo.

- **Real Decreto 1215/1997**, de 18 de julio. Por el que se establecen las disposiciones mínimas de seguridad y salud para la utilización por parte de los trabajadores de los equipos de trabajo.

Esta es también una de las **normas de Prevención de riesgos laborales** de mayor relevancia, puesto que recoge las disposiciones mínimas de seguridad y salud para la utilización de los equipos de trabajo por parte de los trabajadores (máquinas, aparatos, instrumentos o instalaciones utilizadas en el trabajo).

- **Real Decreto 773/1997**, de 30 de mayo. Sobre disposiciones mínimas de seguridad y salud relativas a la utilización por parte de los trabajadores de **equipos de protección individual**.

Esta **norma de PRL** establece el marco legal que determina los requisitos mínimos de seguridad y salud para la elección,

TECNICAS Y PROCEDIMIENTOS PROFESIONALES (I)

utilización por los trabajadores en el trabajo y mantenimiento de los equipos de protección individual.

- **Real Decreto 1299/2006**, de 10 de noviembre, por el que se aprueba el cuadro de enfermedades profesionales en el sistema de la Seguridad Social y se establecen criterios para su notificación y registro.

- **ORDEN TAS/1/2007**, de 2 de enero, por la que se establece el modelo de parte de enfermedad profesional

    Las enfermedades profesionales se comunicarán o tramitarán, en el ámbito de la Seguridad Social, por medio del parte electrónico de enfermedad profesional que se aprueba por esta orden

- **ORDEN TAS/2926/2002,** de 19 de noviembre, por la que se establecen nuevos modelos para la notificación de los accidentes de trabajo y se posibilita la transmisión por procedimiento electrónico (sistema delta)

- **Resolución de 26 de noviembre de 2002** por la que se regula la utilización del Sistema de Declaración Electrónica de Accidentes de Trabajo

    Esta Resolución regula la utilización del Sistema de Declaración Electrónica de Accidentes de Trabajo (Delta), aprobada por Orden TAS/2926/2002, de 19 de noviembre.

- **Real Decreto 286/2006**, de 10 de marzo sobre los riesgos relacionados con la exposición al ruido

    Esta norma establece las disposiciones mínimas para la protección de los trabajadores contra los riesgos para su seguridad y su salud derivados o que puedan derivarse de la exposición al ruido, en particular los riesgos para la audición

- **R.D. 1311/2005**, de 4 de noviembre, sobre la protección de la salud y la seguridad de los trabajadores frente a los riesgos derivados o que puedan derivarse de la exposición a vibraciones mecánicas

- **R.D. 783/2001**, de 6 de julio, por el que se aprueba el Reglamento sobre protección sanitaria contra radiaciones ionizantes

- **Real Decreto 681/2003,** de 12 de junio, sobre la protección de la salud y la seguridad de los trabajadores expuestos a los riesgos derivados de atmósferas explosivas en el lugar de trabajo

    Esta norma establece las disposiciones mínimas para la protección de la salud y seguridad de los trabajadores que pudieran verse expuestos a riesgos derivados de atmósferas explosivas en el lugar de trabajo

    Se entenderá por atmósfera explosiva la mezcla con el aire, en condiciones atmosféricas, de sustancias inflamables en forma de gases, vapores, nieblas o polvos, en la que, tras una ignición, la combustión se propaga a la totalidad de la mezcla no quemada.

1.5.2 Participación de los empresarios y trabajadores.

Son sujetos responsables de la infracción las personas físicas o jurídicas y las comunidades de bienes que incurran en las acciones u omisiones tipificadas como infracción en la presente Ley y, en particular, las siguientes:

1. El empresario en la relación laboral.

2. Los empresarios, trabajadores por cuenta propia o ajena o asimilados, perceptores y solicitantes de las prestaciones de Seguridad Social, las Mutuas de Accidentes de Trabajo y Enfermedades Profesionales y demás entidades colaboradoras en la gestión, en el ámbito de la relación jurídica de Seguridad Social, así como las entidades o empresas responsables de la gestión de prestaciones en cuanto a sus obligaciones en relación con el Registro de Prestaciones Sociales Públicas y demás sujetos obligados a facilitar información de trascendencia recaudatoria en materia de Seguridad Social.

3. Los empresarios, los trabajadores y, en general, las personas físicas o jurídicas, respecto de la normativa de colocación, fomento del empleo y de formación profesional ocupacional y continua.

4. Los transportistas, agentes, consignatarios,

TECNICAS Y PROCEDIMIENTOS PROFESIONALES (I)

representantes, trabajadores y, en general, las personas físicas o jurídicas que intervengan en operaciones de emigración o movimientos migratorios.

5. Los empresarios y trabajadores por cuenta propia respecto de la normativa sobre trabajo de extranjeros.

6. Las cooperativas con respecto a sus socios trabajadores y socios de trabajo, conforme a la Ley 27/1999, de 16 de julio, de Cooperativas.

7. Las agencias de colocación, las empresas de trabajo temporal y las empresas usuarias respecto de las obligaciones que se establecen en su legislación específica y en la de prevención de riesgos laborales, sin perjuicio de lo establecido en otros números de este artículo.

8. Los promotores, los propietarios de obra y los trabajadores por cuenta propia que incumplan las obligaciones que se deriven de la normativa sobre prevención de riesgos laborales.

9. Las entidades especializadas que actúen como servicios de prevención ajenos a las empresas, las personas o entidades que desarrollen la actividad de auditoría del sistema de prevención de las empresas y las entidades acreditadas para desarrollar y certificar la formación en materia de prevención de riesgos laborales que incumplan las obligaciones establecidas en la normativa sobre dicha materia.

10. Las personas físicas o jurídicas y las comunidades de bienes titulares de los centros de trabajo y empresas de dimensión comunitaria situadas en territorio español, respecto de los derechos de información y consulta de los trabajadores en los términos establecidos en su legislación específica.

11. Los empresarios incluidos en el ámbito de aplicación de la normativa legal que regula el desplazamiento de trabajadores en el marco de una prestación de servicios transnacional, respecto de las condiciones de trabajo que deben garantizar a dichos trabajadores desplazados temporalmente a España.

1.5.3 Derechos y obligaciones.

El derecho de los trabajadores a una protección eficaz conlleva en la LPRL una serie de derechos y obligaciones derivadas.

1.5.3.a Derechos de los trabajadores.

Para una adecuada actuación preventiva, el trabajador tiene derecho a:

- Ser informado directamente de los riesgos para su salud y seguridad y de las medidas preventivas adoptadas, incluidas las previstas para hacer frente a situaciones de emergencia.

- Recibir una formación teórica y práctica, suficiente y adecuada en el momento de su contratación y cuando cambie el contenido de la tarea encomendada o se introduzcan nuevas tecnologías o cambios en los equipos de trabajo. La formación deberá estar centrada específicamente en el puesto de trabajo o función de cada trabajador, adaptarse a la evolución de los riesgos y a la aparición de otros nuevos y repetirse periódicamente, si fuera necesario.

- Interrumpir su actividad y si fuera necesario abandonar el lugar de trabajo, cuando considere que dicha actividad entraña un riesgo grave e inminente para su vida o su salud.

Tener garantizada una vigilancia periódica de su estado de salud, en función de los riesgos inherentes a su puesto de trabajo.

- Disponer de las medidas de protección específicas cuando por sus propias características personales o estado biológico conocido o incapacidad física, psíquica

- o sensorial, sean especialmente sensibles a determinados riesgos derivados del trabajo.

- Ser consultados y participar en todas las cuestiones que afecten a la seguridad y a la salud en el trabajo. Los trabajadores tendrán derecho a efectuar propuestas al

TECNICAS Y PROCEDIMIENTOS PROFESIONALES (I)

empresario y a los órganos de participación y representación (delegados de prevención, comité de seguridad y salud), a través de quienes se ejerce su derecho a participar.

1.5.3.b Obligaciones de los trabajadores

Los trabajadores deben velar según sus posibilidades, y mediante el cumplimiento de las medidas de prevención que en cada caso sean adoptadas, por su propia seguridad y salud y por la de aquellas otras personas a las que pueda afectar su actividad profesional, para lo cual, con arreglo a su formación y siguiendo las instrucciones del empresario, deben:

- Usar adecuadamente máquinas, herramientas, sustancias peligrosas, equipos y cualquier medio de trabajo.

- Usar correctamente los medios y equipos de protección facilitados por el empresario y conforme a las instrucciones de éste.

- No poner fuera de funcionamiento y utilizar correctamente los dispositivos de seguridad existentes o que se instalen en los medios relacionados con su actividad o en los lugares de trabajo en los que ésta tenga lugar.

- Informar inmediatamente a su superior jerárquico y a los trabajadores designados para realizar actividades de protección y prevención, y al servicio de prevención, sobre cualquier situación que, a su juicio, entrañe un riesgo para la seguridad y salud de los trabajadores.

- Contribuir al cumplimiento de las obligaciones establecidas por la autoridad competente.

- Cooperar con el empresario para que éste pueda garantizar unas condiciones de trabajo que sean seguras y no entrañen riesgos para la seguridad y salud de los trabajadores.

1.5.3.c Obligaciones de los empresarios en materia de PRL

Las obligaciones del empresario frente a los riesgos laborales están establecidas en el art. 14 de la **LPRL**, donde se establece que deberá garantizar la seguridad y salud de los trabajadores a su servicio en todos los aspectos relacionados con el trabajo. Hay que destacar:

- Prevención de riesgos laborales mediante la integración de la actividad preventiva y la adopción de cuantas medidas sean necesarias para la protección de la seguridad y salud de los trabajadores en los términos establecidos en la Legislación vigente (capítulo IV de la **LPRL**). Tales como:
    - Evaluar los riesgos.
    - Proporcionar información.
    - Proporcionar formación.
    - Establecer planes de actuación en casos de emergencia y de riesgo grave e inminente.
    - Establecer sistemas de vigilancia de la salud.
    - Constitución de una organización y de los medios necesarios.

- Desarrollar una acción permanente de seguimiento de la actividad preventiva:
    - Perfeccionar de manera continua las actividades de: identificación, evaluación y control de riesgos que no se hayan podido evitar.
    - Adaptando las medidas de prevención a las modificaciones que puedan experimentar las circunstancias que incidan en la realización del trabajo.

- Asimismo, el **art. 10 de la** Ley 32/2006, de 18 de octubre, **reguladora de la subcontratación en el Sector de la Construcción,** establece el deber de acreditación de la formación preventiva de los trabajadores, para el citado sector, de manera que las empresas velen por que todos los trabajadores que

TECNICAS Y PROCEDIMIENTOS PROFESIONALES (I)

presten servicios en las obras tengan la formación necesaria y adecuada a su puesto de trabajo o función en materia de prevención de riesgos laborales, de forma que conozcan los riesgos y las medidas para prevenirlos.

- Por otro lado, la Directiva 2009/104/CE **del Parlamento Europeo y del Consejo de 16 de septiembre de 2009 relativa a las disposiciones mínimas de seguridad y de salud para la utilización por los trabajadores en el trabajo de los equipos de trabajo (segunda Directiva específica con arreglo al artículo 16, apartado 1, de la Directiva 89/391/CEE)**, establece también obligaciones para los empresarios:

  - El empresario adoptará las medidas necesarias con el fin de que los equipos de trabajo puestos a disposición de los trabajadores en la empresa o el establecimiento sean adecuados para el trabajo que deba realizarse y convenientemente adaptados a tal efecto, de forma que garanticen la seguridad y la salud de los trabajadores al utilizar dichos equipos de trabajo. Cuando elija los equipos de trabajo que piensa utilizar, el empresario tomará en consideración las condiciones y las características específicas de trabajo y los riesgos existentes en la empresa o el establecimiento, en particular en los puestos de trabajo, para la seguridad y la salud de los trabajadores, o los riesgos que serían susceptibles de añadirse por el hecho de la utilización de los equipos de trabajo en cuestión.

  - Cuando no sea posible garantizar de este modo totalmente la seguridad y la salud de los trabajadores durante la utilización de los equipos de trabajo, el empresario tomará las medidas adecuadas para reducir los riesgos al mínimo.

1.5.4 El empresario estará obligado a:

- Determinar los puestos de trabajo en los que deba recurrirse a la protección individual

- Elegir los equipos de protección individual conforme a lo dispuesto en los artículos 5 y 6
- Proporcionar gratuitamente a los trabajadores los equipos de protección individual que deban utilizar, reponiéndolos cuando resulte necesario.
- Velar por que la utilización y mantenimiento de los equipos se realice conforme a lo dispuesto en el artículo 7

1.5.5 Formación.

Dirigida a mejorar el conocimiento de los trabajadores sobre el alcance real de los riesgos derivados del trabajo, así como de la forma de prevenirlos y evitarlos.

La formación de los trabajadores en materia preventiva es uno de los elementos fundamentales para la **seguridad y salud de los trabajadores y la reducción de la siniestralidad laboral** en nuestros centros. Es un derecho de los trabajadores recogido en la Ley de Prevención de Riesgos Laborales (art. 19):

- Cada trabajador debe recibir una formación teórica y práctica, suficiente y adecuada en materia preventiva.
- La formación deberá estar centrada en el puesto de trabajo o función del trabajador, adaptarse a la evolución de los riesgos y a la aparición de otros nuevos y repetirse periódicamente si fuera necesario.
- La formación deberá impartirse, siempre que sea posible, dentro de la jornada de trabajo, o en su defecto, en otras horas, pero con el descuento en aquélla del tiempo invertido en la misma.
- La formación podrá ser impartida por la empresa con medios propios o ajenos y su coste no recaerá en ningún caso sobre los trabajadores.

Las **Estrategias de Actuación en Prevención de Riesgos Laborales de la Gerencia Regional de Salud de Castilla y León 2016-2020** contemplan actuaciones específicas en materia de formación.

TECNICAS Y PROCEDIMIENTOS PROFESIONALES (I)

1.5.6 Consulta y participación de los trabajadores:

El empresario deberá consultar a los trabajadores, con la debida antelación, la adopción de las decisiones relativas a:

- La planificación y la organización del trabajo en la empresa y la introducción de nuevas tecnologías, en todo lo relacionado con las consecuencias que estas pudieran tener para la seguridad y la salud de los trabajadores, derivadas de la elección de los equipos, la determinación y la adecuación de las condiciones de trabajo y el impacto de los factores ambientales en el trabajo.

- La organización y desarrollo de las actividades de protección de la salud y prevención de los riesgos profesionales en la empresa, incluida la designación de los trabajadores encargados de dichas actividades o el recurso a un servicio de prevención externo.

- La designación de los trabajadores encargados de las medidas de emergencia.

- Los procedimientos de información y documentación previstos en la LPRL.

- El proyecto y la organización de la formación en materia preventiva.

- Cualquier otra acción sobre la seguridad y la salud de los trabajadores.

En las empresas que cuenten con representantes de los trabajadores, estas consultas se llevarán a cabo con dichos representantes.

1.5.7 Derechos de participación y representación.

Los trabajadores tienen derecho a participar en la empresa en las cuestiones relacionadas con la prevención de riesgos laborales.

En las empresas o centros de trabajo que cuenten con seis o más trabajadores, la participación de estos se canalizará a través de sus representantes y de la representación especializada que se regula en la LPRL.

1.5.7.a Delegados de Prevención
- ¿Quiénes son?

Los delegados de prevención son los representantes de los trabajadores en la empresa con funciones específicas en materia de prevención de riesgos en el trabajo.

1.5.7.b Designación de Delegados de Prevención

Los Delegados de Prevención serán designados por y entre los representantes del personal y su número estará de acuerdo con la escala siguiente:

- De 50 a 100 trabajadores: 2.
- De 101 a 500 trabajadores: 3.
- De 501 a 1.000 trabajadores: 4.
- De 1.001 a 2.000 trabajadores: 5.
- De 2.001 a 3.000 trabajadores: 6.
- De 3.001 a 4.000 trabajadores: 7.
- De 4.001 en adelante: 8.

En las empresas de hasta 30 trabajadores el Delegado de Prevención será el Delegado de Personal; de 31 a 49 trabajadores el Delegado de Prevención será elegido por y entre los Delegados de Personal.

En los centros de trabajo que carezcan de representantes de personal por no alcanzar la antigüedad para ser electores o elegibles, los trabajadores podrán elegir por mayoría a un trabajador que ejerza las competencias de Delegado de Prevención (disposición adicional cuarta de la LPRL).

TECNICAS Y PROCEDIMIENTOS PROFESIONALES (I)

1.5.7.c Competencias de los Delegados de Prevención

- Colaborar con la dirección de la empresa en la mejora de la acción preventiva.

- Promover y fomentar la cooperación de los trabajadores en ejecución de la normativa sobre prevención de riesgos laborales.

- Ser consultados sobre las materias objeto de consulta obligatoria para el empresario.

- Vigilar y controlar el cumplimiento de la normativa de prevención de riesgos laborales.

1.5.7.d Facultades de los Delegados de Prevención.

- Acompañar a los técnicos en las evaluaciones de carácter preventivo y a los Inspectores de Trabajo y Seguridad Social en las visitas y verificaciones que realicen en los centros de trabajo.

- Tener acceso, con las limitaciones previstas en la LPRL, a la información y documentación relativa a las condiciones de trabajo que sean necesarias para el ejercicio de sus funciones.

- Ser informados por el empresario sobre los daños producidos en la salud de los trabajadores.

- Recibir del empresario información acerca de las actividades de protección y prevención en la empresa, así como proponerle la adopción de medidas de carácter preventivo y para la mejora de los niveles de protección de la seguridad y la salud de los trabajadores.

- Proponer al órgano de representación de los trabajadores la adopción del acuerdo de paralización de actividades ante situaciones de riesgo grave e inminente.
- Realizar visitas a los lugares de trabajo para ejercer una labor de vigilancia y control del estado de las condiciones de trabajo.

1.5.8 Comité de Seguridad y Salud

1.5.8.a ¿Qué es?

Es el órgano paritario y colegiado de participación destinado a la consulta regular y periódica de las actuaciones de la empresa en materia de prevención de riesgos.

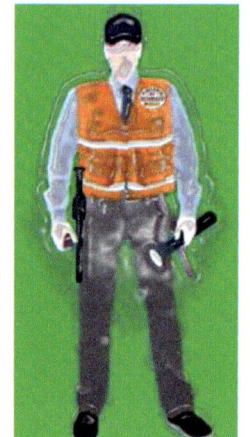

1.5.8.b Composición del Comité de Seguridad y Salud

Como órgano paritario está formado por los Delegados de Prevención y por el empresario y/o sus representantes en número igual al de Delegados de Prevención.

Quedará constituido en todas las empresas o centros de trabajo que cuenten con 50 o más trabajadores.

Podrá crearse un Comité Intercentros, con acuerdo de los trabajadores, en aquellas empresas que cuenten con varios centros de trabajo dotados de Comité de Seguridad y Salud.

En las reuniones del Comité de Seguridad y Salud participarán con voz, pero sin voto, los Delegados Sindicales y los responsables técnicos de la prevención en la empresa que no estén incluidos en la composición referida. En las mismas condiciones podrán participar trabajadores de la empresa que cuenten con una especial cualificación o información respecto de cuestiones concretas que se debatan en este órgano y técnicos en prevención ajenos a la empresa, siempre que así lo solicite alguna de las representaciones en el Comité.

El Comité de Seguridad y Salud se reunirá trimestralmente y siempre que lo solicite alguna de las representaciones en el mismo y adoptará sus propias normas de funcionamiento.

1.5.8.c Competencias del Comité de Seguridad y Salud

- Participar en la elaboración, puesta en práctica y evaluación de los planes y programas de prevención de riesgos en la empresa. A tal efecto, en su seno se debatirán, antes de su puesta en práctica y en lo referente a su incidencia en la prevención de riesgos, la elección de la modalidad organizativa de la empresa y, en su caso, la gestión realizada por las entidades especializadas con las que la empresa hubiera concertado la realización de actividades preventivas; los proyectos en materia de planificación, organización del trabajo e introducción de nuevas tecnologías, organización y desarrollo de las actividades de protección y prevención a que se refiere el artículo 16 de la Ley y proyecto y organización de la formación en materia preventiva.

- Promover iniciativas sobre métodos y procedimientos preventivos de riesgos laborales, así como proponer a la empresa la mejora de las condiciones o corrección de las deficiencias existentes.

1.5.8.d Facultades del Comité de Seguridad y Salud

- Conocer la documentación e informes relativos a las condiciones de trabajo, los procedentes de la actividad del servicio de prevención, así como conocer y analizar los daños producidos en la salud o integridad física de los trabajadores.

- Conocer e informar la memoria y la programación anual de servicios de prevención en la empresa o centro de trabajo.

- Conocer directamente la situación relativa a la prevención de riesgos en el centro de trabajo, realizando a tal efecto las visitas que estime oportunas.

TECNICAS Y PROCEDIMIENTOS PROFESIONALES (I)

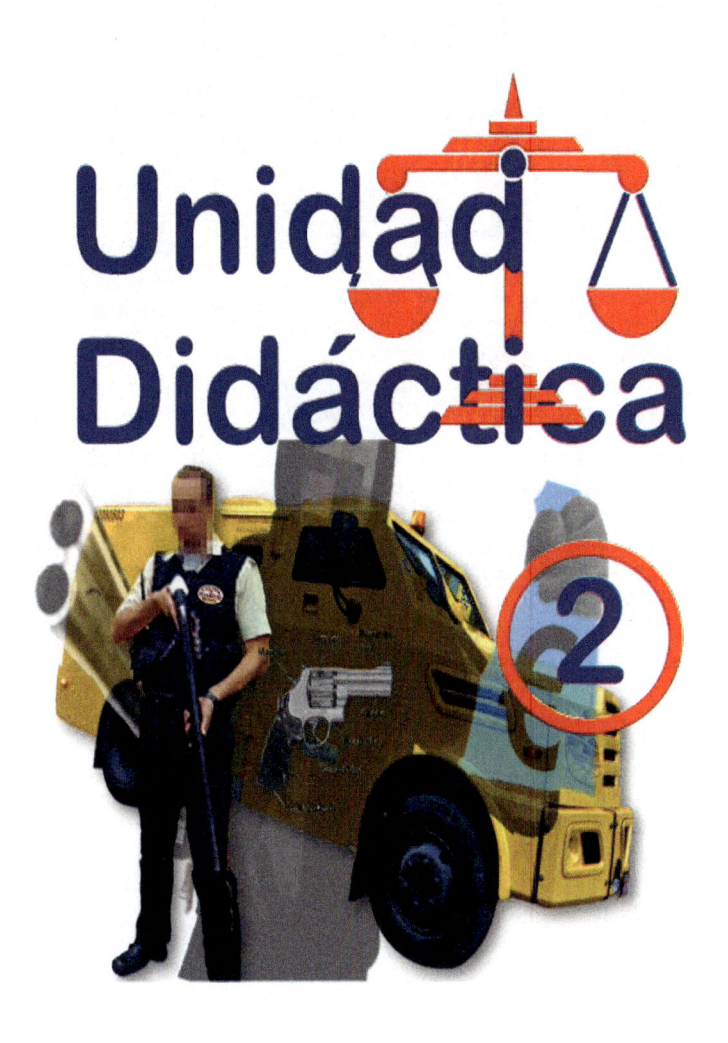

Unidad Didáctica 2

2. Protección de fondos y objetos valiosos.

La Legislación aplicable es toda la que regula la actividad en el Sector ya que somos Vigilantes de Seguridad, pero la específica se recoge en los siguientes artículos y disposiciones. En el artículo 5 apartado 1º, punto 4º de la L.S.P., que dice:

"**Transporte y distribución de los objetos a que se refiere el punto anterior (monedas-billetes, títulos- valores y demás objetos que por su valor económico y expectativas que generen, o que por su peligrosidad caso de los explosivos, puedan requerir protección especial) a través de los distintos medios, realizándolos en su caso, mediante vehículos cuyas características serán determinadas por el Ministerio del Interior, de forma que no puedan confundirse con los de las Fuerzas Armadas ni con los de la FFCCS**".

2.1 Normativa específica.

2.1.1 Ley 5/2014, de 4 de abril, de Seguridad Privada.

La seguridad no es solo un valor jurídico, normativo o político; es igualmente un valor social. Es uno de los pilares primordiales de la sociedad, se encuentra en la base de la libertad y la igualdad y contribuye al desarrollo pleno de los individuos.

Ley 5/2014, de 4 de abril, de Seguridad Privada.

Jefatura del Estado
«BOE» núm. 83, de 05 de abril de 2014
Referencia: BOE-A-2014-3649

Los Estados, al establecer el modelo legal de seguridad privada, lo perfilan como la forma en la que los agentes privados contribuyen a la minoración de posibles riesgos asociados a su actividad industrial o mercantil, obtienen seguridad adicional más allá de la que provee la seguridad pública o satisfacen sus necesidades de información profesional con la investigación de asuntos de su legítimo interés. En esta óptica, la existencia de la seguridad privada se configura como una medida de anticipación y prevención frente a posibles riesgos, peligros o delitos. La consideración de la seguridad privada como una actividad con entidad propia, pero a la vez como parte integrante de la seguridad pública, es hoy un hecho innegable.

En el título IV se regulan por primera vez en una norma de rango legal y de forma armónica las medidas de seguridad, así como la especificación de la forma de prestación de los principales servicios de seguridad, como el que nos trata, la vigilancia y protección de depósitos y transportes de seguridad.

2.1.2 Objeto.

1. Esta ley tiene por objeto regular la realización y la prestación por personas privadas, físicas o jurídicas, de actividades y servicios de seguridad privada que, desarrollados por éstos, son contratados, voluntaria u obligatoriamente, por personas físicas o jurídicas, públicas o privadas, para la protección de personas y bienes. Todas estas actividades tienen la consideración de complementarias y subordinadas respecto de la seguridad pública.

2. Asimismo, esta ley, en beneficio de la seguridad pública, establece el marco para la más eficiente coordinación de los servicios de seguridad privada con los de las Fuerzas y Cuerpos de Seguridad, de los que son complementarios.

2.1.3 R.D. 2.364/94, Reglamento de Seguridad Privada.

Del que podemos destacar:

Artículo 32. **Vehículos.** Artículo 34. **Hoja de ruta.** Artículo 35. **Libro-Registro.** Artículo 36. **Comunicación previa del transporte.** Artículo 37. **Otros medios de transporte.**

LEGISLACIÓN CONSOLIDADA
BOE
Real Decreto 2364/1994, de 9 de diciembre, por el que se aprueba el Reglamento de Seguridad Privada.
Ministerio de Justicia e Interior
«BOE» núm. 8, de 10 de enero de 1995
Referencia: BOE-A-1995-608

Los vehículos blindados utilizados por las empresas de transporte y distribución, cuyas características no se correspondan con las que determine el Ministerio de Justicia e Interior, podrán ser utilizados durante un plazo de un año, contado a partir de la entrada en vigor de las normas que al efecto se dicten. Transcurrido dicho plazo, todos los vehículos que se utilicen para esta actividad habrán de ajustarse a lo dispuesto en las citadas normas.

1. La prestación de los servicios de transporte y distribución de objetos valiosos o peligrosos habrá de efectuarse en vehículos blindados de las características que se determinen por el Ministerio de Justicia e Interior, cuando las cantidades, el valor o la peligrosidad de lo transportado superen los límites o reúnan las características que asimismo establezca dicho Ministerio, sin perjuicio de las competencias que corresponden al Ministerio de Industria y Energía. Cuando las características o tamaño de los objetos, especificados por Orden del Ministerio de Justicia e Interior, impidan o hagan innecesario su transporte en vehículos blindados, éste se podrá realizar en otros vehículos, contando con la debida protección en cada caso, determinada con carácter general en dicha Orden o, para cada caso concreto, por el correspondiente Gobierno Civil.

2. Las características de los vehículos de transporte y distribución de explosivos se determinarán teniendo en cuenta lo dispuesto en el Reglamento de Transporte de Mercancías Peligrosas (TPC), para dichas materias.

Artículo 34. Hoja de ruta.

1. Las operaciones de recogida y entrega que realice cada vehículo se consignarán diariamente en una hoja de ruta, que podrá estar informatizada en papel continuo, y se archivará por orden numérico en formato de libro, o en cualquier otro dato que respete su secuencia, conteniendo los datos que determine el Ministerio del Interior. Los funcionarios policiales encargados de la inspección podrán requerir la exhibición de las hojas de ruta en cualquier momento, durante el desarrollo de la actividad, debiendo conservarse aquéllas, o el soporte magnético o digital en el que se consignó la información, durante cinco años, en la sede de la empresa o de las correspondientes delegaciones, o en locales de empresas especializadas en el archivo de documentación.

2. En el caso de transporte y distribución de explosivos, la hoja de ruta será sustituida por la documentación análoga que, para la circulación de dichas sustancias, se establece en el Reglamento de Explosivos y normativa complementaria.

Artículo 35. Libro-registro.

Las empresas dedicadas al trasporte y distribución de titulo-valores llevarán un libro-registro, cuyo formato se ajustará a las normas que se aprueben por el Ministerio del Interior.

TECNICAS Y PROCEDIMIENTOS PROFESIONALES (I)

Artículo 36. Comunicación previa del transporte.

Siempre que la cuantía e importancia de los fondos, valores u objetos exceda de la cantidad, o la peligrosidad de los objetos reúna las características que determine el Ministerio de Justicia e Interior, el transporte deberá ser comunicado a la dependencia correspondiente de la Dirección General de la Policía, si es urbano, y a la de la Dirección General de la Guardia Civil, si es interurbano, con veinticuatro horas de antelación al comienzo de la realización del servicio.

Artículo 37. Otros medios de transporte.

1. El transporte de fondos, valores y otros bienes u objetos valiosos se podrá realizar por vía aérea, utilizando los servicios ordinarios de las compañías aéreas o aparatos de vuelo propios.

2. Cuando en el aeropuerto exista caja fuerte y servicios especiales de seguridad, se podrá encargar a dichos servicios de las operaciones de carga y descarga de los bienes u objetos valiosos, con las precauciones que se señalan en los apartados siguientes.

3. Cuando en el aeropuerto no exista caja fuerte o servicios de seguridad, los vehículos blindados de las Empresas de Seguridad, previa facturación en la zona de seguridad de las terminales de carga, se dirigirán, con su dotación de Vigilantes de Seguridad y armamento reglamentario, hasta el punto desde el que se pueda realizar directamente la carga de bultos y valijas en la aeronave, debiendo permanecer en este mismo lugar hasta que se produzca el cierre y precinto de la bodega.

4. En la descarga se adoptarán similares medidas de seguridad, debiendo los Vigilantes de dotación estar presentes con el vehículo blindado en el momento de la apertura de la bodega.

5. A los efectos de cumplimentar dichas obligaciones, la dirección de cada aeropuerto facilitará a las Empresas de Seguridad responsables del transporte, las acreditaciones y permisos oportunos.

6. Análogas reglas y precauciones se seguirán para el transporte de fondos, valores y otros bienes u objetos valiosos por vía marítima.

2.1.4 Orden INT314/2011 de 1 de febrero.

CAPÍTULO I: Autorización de empresas de seguridad.

Sección 1.ª Disposiciones comunes;

Artículo 1. **Solicitudes de autorización.**

Para poder desarrollar sus actividades, las empresas de seguridad deberán solicitar su autorización mediante la inscripción en el correspondiente Registro, a través de instancia dirigida a la Unidad Orgánica Central de Seguridad Privada del Cuerpo Nacional de Policía, o, en su caso, al órgano correspondiente de la Comunidad Autónoma que tenga competencias para la protección de personas y bienes y para el mantenimiento del orden público, con arreglo a lo dispuesto en sus Estatutos de Autonomía, y lo previsto en la Ley Orgánica 2/1986, de 13 de marzo, de Fuerzas y Cuerpos de Seguridad, cuando aquéllas tengan su domicilio social en la Comunidad Autónoma y su ámbito de actuación esté limitado a la misma.

Artículo 2. **Modelo de solicitud.**

Las solicitudes incluirán los datos a que se refiera el modelo oficial único disponible, en cada momento, en la sede electrónica de la Dirección General de la Policía y de la Guardia Civil, ámbito del Cuerpo Nacional de Policía, o, en su caso, de las Comunidades Autónomas competentes, debiendo acreditarse el cumplimiento de los requisitos generales y específicos señalados en el artículo 5 y en el anexo, respectivamente, del Reglamento de Seguridad Privada.

Artículo 3. **Lugares de presentación.**

1. Dichas solicitudes se presentarán en el Registro de la Dirección General de la Policía y de la Guardia Civil, ámbito del Cuerpo Nacional de Policía (Unidad Orgánica Central de Seguridad Privada), o, en su caso, del órgano correspondiente de la Comunidad Autónoma competente.

2. Igualmente, se podrán presentar a través de la sede electrónica de la Dirección General de la Policía y de la Guardia Civil, ámbito del Cuerpo Nacional de Policía, una vez que este procedimiento se incluya en el anexo de la Orden INT/3516/2009, de 29 de diciembre, por la que se crea un registro electrónico, en la Dirección General de la Policía y de la Guardia Civil, ámbito del Cuerpo Nacional de Policía, o, en su caso, en la correspondiente de las Comunidades Autónomas competentes.

Artículo 4. **Comprobaciones, inspecciones y resolución.**

1. La Unidad Orgánica Central de Seguridad Privada del Cuerpo Nacional de Policía, o, en su caso, el órgano correspondiente de la Comunidad Autónoma competente, realizará, directamente o a través de las dependencias policiales respectivas, las comprobaciones e inspecciones precisas. Seguidamente, procederá a formular la propuesta correspondiente de autorización, previa emisión, por parte de la Unidad Orgánica correspondiente del Cuerpo de la Guardia Civil, del informe sobre la idoneidad de la instalación de los armeros, al que se refiere el apartado tercero del artículo 5 del Reglamento de Seguridad Privada.

2. El Director General de la Policía y de la Guardia Civil, o en su caso, el órgano correspondiente de la Comunidad Autónoma competente, dispondrá la inscripción en el registro y autorizará la entrada en

TECNICAS Y PROCEDIMIENTOS PROFESIONALES (I)

funcionamiento de aquellas empresas que cumplan los requisitos generales y específicos.

3. De conformidad con lo dispuesto en el apartado segundo del artículo 10 del Reglamento de Seguridad Privada, el órgano competente de la Comunidad Autónoma remitirá copia de la inscripción efectuada al Registro General de Empresas de Seguridad del Ministerio del Interior, existente en la Unidad Orgánica Central de Seguridad Privada del Cuerpo Nacional de Policía.

Artículo 5. **Sistemas de seguridad.**

1. Las empresas de seguridad dispondrán en su sede y en la de sus delegaciones de un sistema de seguridad, físico y electrónico, compuesto de los siguientes elementos, como mínimo:

   a) Puerta o puertas de acceso blindadas, de clase de resistencia V, de acuerdo con la Norma UNE-ENV 1627 la parte opaca, y con nivel de resistencia P5A al ataque manual, de acuerdo con la Norma UNE-EN 356 la parte translúcida, debiendo contar en ambos casos con cercos reforzados y contactos magnéticos, como mínimo de mediana potencia.

   b) Ventanas o huecos protegidos con rejas fijas, macizas y adosadas, o empotradas, de acuerdo con la Norma UNE 108142, o con ventanas y cercos con una clase de resistencia V, de acuerdo con la Norma UNE-ENV 1627, y protección electrónica.

   c) Equipos o sistemas de captación y registro de imágenes, en su interior o exterior, indistintamente.

   d) Elementos que permitan la detección de cualquier ataque en todas las paredes medianeras con edificios o locales ajenos a la propia empresa.

   e) Sistema de detección volumétrica.

   f) Conexión con una central de alarmas mediante doble vía de comunicación, de forma que la inutilización de una de ellas produzca la transmisión de la señal por la otra o bien una sola vía que permita la transmisión digital con supervisión permanente de la línea y una comunicación de respaldo (backup).

2. Los sistemas de alarma deberán cumplir los requisitos contenidos en las Normas UNE-EN 50130, 50131, 50132, 50133, 50136 y en la Norma UNE CLC/TS 50398, o en aquellas Normas llamadas a reemplazar a las citadas Normas, según sean de aplicación a los diferentes tipos de sistemas.

Sección 2.ª Requisitos específicos

Artículo 6. **Armeros.**

1. Los armeros que hayan de tener las empresas de seguridad en su sede o en sus delegaciones o sucursales, deberán reunir, para la custodia de las armas, al menos, las siguientes medidas de seguridad:

a) Pasivas: Mínimo grado de seguridad 3 según clasificación establecida en las Normas UNE-EN 1143-1 cuando se trate de caja fuerte, y en caso de cámara acorazada deberá contar con un muro acorazado con un mínimo grado de seguridad 5, determinado en la Norma UNE-EN 1143-1, dotado de puerta acorazada y trampón, si lo hubiere, con el mismo grado de seguridad.

El recinto privado donde estén ubicados los armeros deberá contar en sus paredes con un grado de seguridad 2 de la Norma UNE EN 1143-1, y la puerta de acceso deberá ser blindada, con una clase de resistencia V de la Norma UNE-ENV 1627, estando dotada además de cerradura de seguridad. Dicho recinto estará únicamente destinado para la ubicación de los armeros de las sedes o delegaciones de las empresas de seguridad.

Cuando las circunstancias constructivas del inmueble impidan la construcción del recinto privado, podrá sustituirse el mismo por una caja fuerte con un grado mínimo de seguridad 3 de la Norma UNE-EN 1143-1, con capacidad suficiente para instalar en su interior los armeros de la empresa. Cuando el peso de la caja sea inferior a 2.000 kilos, la caja deberá estar anclada al suelo, pared, o estructura de hormigón, en habitáculo protegido con un sistema de alarma de grado 3, según la Norma UNE 50131-1, y restringido su acceso a personal no autorizado.

b) Activas: Los recintos donde se ubiquen los armeros estarán dotados de elementos de detección, de los clasificados de grado 3 en la Norma UNE 50131-1, que permitan detectar cualquier tipo de ataque a través de paredes, techo o suelo.

La puerta blindada del recinto privado, que tendrá una clase de resistencia V conforme a la Norma UNE-ENV 1627, estará dotada de, al menos, un detector que alerte de la apertura no autorizada y/o de la rotura de esta o del detector, y en su interior existirá detección volumétrica de grado 3 contenida en la Norma UNE 50131-1, protegiendo los armeros. Además, la puerta de la caja/armero estará dotada de un dispositivo que detecte su apertura no autorizada o la rotura de esta.

Dichos sistemas de alarma estarán diferenciados de otros sistemas ubicados en las instalaciones, debiendo estar conectados a una central de alarma y contar con dos vías de comunicación distintas, de forma que la inutilización de una de ellas produzca la transmisión de la alarma por la otra, o bien con una sola vía que permita la transmisión digital con supervisión permanente de la línea y una comunicación de respaldo (backup).

2. Los armeros instalados en los lugares de prestación de servicio a que se refiere el apartado primero del artículo 25 del Reglamento de Seguridad Privada, deberán reunir, como mínimo, las siguientes medidas de seguridad:

   a) Pasivas: Mínimo grado de seguridad 3 según las Normas UNE EN 1143-1 en todo su conjunto. Si se dispone de servicio permanente de vigilancia con observación continua de la caja fuerte/armero o el

TECNICAS Y PROCEDIMIENTOS PROFESIONALES (I)

citado lugar ya dispone de una cámara acorazada, el mínimo grado de seguridad será de tipo 1 de la citada Norma, debiendo, en el segundo supuesto, instalarse en el interior de dicha cámara. Su ubicación estará en un lugar reservado, fuera de la vista del público, donde únicamente tenga acceso el personal de seguridad privada que desarrolla el servicio.

b) Activas: Estarán protegidos permanentemente mediante detección volumétrica de la clasificada de grado 3 en la Norma UNE 50131-1, y la puerta estará dotada de un dispositivo que detecte la apertura no autorizada y/o la rotura de este.

Cuando no estén instalados en el interior de una cámara acorazada y sean autorizados para la custodia de más de tres armas, dispondrán de las medidas determinadas en el párrafo primero de la letra b) del apartado anterior.

Las características técnicas de dichas medidas vendrán recogidas en el plan de protección de los lugares de prestación de servicio a que se refiere el apartado primero del artículo 25 del Reglamento de Seguridad Privada.

3. El número de armas que se podrá autorizar en depósito, será el correspondiente al volumen del armero, teniendo en cuenta que el volumen medio de un arma corta es de 3,5 litros, el de un arma larga es de 7 litros, el de los fusiles de asalto del calibre 5,56 × 45 mm. es de 20 litros, el de las ametralladoras del calibre 7,62 mm. es de 30 litros y, finalmente, el de las ametralladoras del calibre 12,70 mm. es de 80 litros.

Respecto a la cartuchería, cuyo almacenamiento se hará en armero independiente al de las armas, con el mismo grado de seguridad que el exigido para éstas, se tendrá en cuenta que para cada 100 cartuchos de arma corta y larga de vigilancia de guardería se necesitarán 1,5 litros de capacidad; para 1.000 cartuchos del calibre 5,56 × 45 mm. se necesitarán 6 litros; para 1.000 cartuchos del calibre 7,76 mm. se necesitarán 13 litros; y para 100 cartuchos del calibre 12,70 en cinta con caja se necesitarán 7,5 litros.

En los supuestos contemplados en el apartado primero del artículo 25 del Reglamento de Seguridad Privada, cuando la dotación de cartuchería sea la mínima exigible para cada una de las armas depositadas, no será necesario contar con armeros independientes.

4. En las sedes o delegaciones en que hayan de tener armeros, las empresas de seguridad dispondrán de un plan de protección con contrato de instalación, mantenimiento y revisión del sistema electrónico, instalado por una empresa del sector autorizada, con certificación de que, al menos, se cumplen las medidas de seguridad contempladas en el apartado primero.

El mencionado plan contendrá, además de las medidas técnicas anteriormente descritas, las del sistema de seguridad enumeradas en el artículo 5.

Las revisiones periódicas de las medidas de seguridad se realizarán por la empresa de mantenimiento en períodos máximos de un año, salvo que circunstancias ambientales, de seguridad o de otra clase aconsejarán, a juicio del Interventor de Armas y Explosivos de la Comandancia de la Guardia Civil, la reducción de dichos períodos.

5. En los supuestos del apartado cuarto del artículo 25 del Reglamento de Seguridad Privada, en que los armeros puedan ser sustituidos por la caja fuerte del local, ésta deberá ser punto de activación de una señal de alarma, diferenciada del resto de las señales de alarma existentes en el establecimiento o local.

Dicha caja fuerte no debe dar custodia a más de un arma, salvo que las circunstancias del lugar y las medidas de seguridad del establecimiento garanticen la custodia de más armas a juicio del Interventor de Armas y Explosivos, debiendo estar, en este caso, cada arma bajo llave en cajas metálicas independientes.

6. En los supuestos contemplados en el apartado cuarto del artículo 90 del Reglamento de Seguridad Privada, cuando el escolta no pueda garantizar la custodia del arma como previene el artículo 144 del Reglamento de Armas, la deberá entregar a un depósito de armas autorizado, en caja fuerte que reúna las condiciones descritas en el apartado anterior o, de forma excepcional, en las dependencias de las Fuerzas y Cuerpos de Seguridad.

Cuando el escolta privado custodie el arma en su domicilio, se considerará cumplida la obligación impuesta en el párrafo a) del apartado primero del artículo 144 del Reglamento de Armas en el supuesto de que disponga en el mismo de una caja fuerte o armero con grado de seguridad 3, conforme a la Norma UNE-EN 1143-1.

7. En los supuestos del apartado segundo del artículo 93 del Reglamento de Seguridad Privada en que el arma pueda quedar bajo la custodia del guarda particular del campo, ésta o, en su caso, el sistema de cierre, o pieza de seguridad equivalente será custodiada en su domicilio, en la caja fuerte o armero, con grado de seguridad 3, según la Norma UNE EN 1143-1, independientemente de que se trate de arma larga o corta.

8. En la solicitud del informe de idoneidad de los armeros se hará constar el número máximo de armas a custodiar en ellos, acompañándose el certificado de las características técnicas del armero que se pretenda instalar, el proyecto del Plan de Protección en el que figuren los medios de seguridad del lugar y plano del local con indicación de la ubicación del armero.

9. Para el debido control y seguridad de las armas, se tendrá en cuenta lo dispuesto en el artículo 14 sobre el Libro-Registro de entrada y salida de armas, y en el artículo 15 sobre custodia de las armas.

TECNICAS Y PROCEDIMIENTOS PROFESIONALES (I)

Artículo 7. **Sistema de seguridad de las empresas de depósito.**

1. Las empresas que se constituyan para la actividad de depósito, custodia y tratamiento de monedas y billetes, títulos-valores y objetos valiosos o peligrosos, excepto explosivos, además del sistema descrito en el artículo 5, dispondrán, en los locales en que se pretendan desarrollar dicha actividad, de un sistema de seguridad compuesto, como mínimo, por:

    a) Equipos o sistemas de captación y registro de imágenes, con capacidad para facilitar la identificación de los autores de delitos contra las personas y contra la propiedad, para la protección perimetral del inmueble, controles de acceso de personas y vehículos, y zonas de carga y descarga, recuento y clasificación, cámara acorazada, antecámara y pasillo de ronda de la cámara acorazada.

    b) Los soportes destinados a la grabación de imágenes deberán conservarse durante treinta días desde la fecha de grabación. Las imágenes estarán exclusivamente a disposición de las autoridades judiciales y de las Fuerzas y Cuerpos de Seguridad competentes. Cuando las imágenes se refieran a la comisión de hechos delictivos serán inmediatamente puestas a disposición de las Fuerzas y Cuerpos de Seguridad.

    c) El contenido de los soportes será estrictamente reservado. Las imágenes grabadas podrán ser utilizadas únicamente como medio de identificación de los autores de los hechos delictivos, debiendo ser inutilizados tanto los contenidos de los soportes como las imágenes, una vez transcurridos treinta días desde la grabación, salvo que hubiesen dispuesto lo contrario las autoridades judiciales o las Fuerzas y Cuerpos de Seguridad competentes.

    d) Zona de carga y descarga, comunicada con el exterior mediante un sistema de puertas esclusas con dispositivo de apertura desde su interior.

    e) Centro de control protegido por acristalamiento con blindaje antibala de categoría de resistencia BR4, según la Norma europea UNE-EN 1063.

    f) Las paredes que delimiten o completen el referido centro deberán tener una categoría de resistencia II, según la Norma UNE 108132.

    g) Zona de recuento y clasificación, con puerta esclusa para su acceso.

    h) Generador o acumulador de energía, con autonomía para veinticuatro horas.

    i) Dispositivo que produzca la transmisión de una alarma, en caso de desatención del responsable del centro de control durante un tiempo superior a diez minutos.

    j) Conexión del sistema de seguridad con una central de alarmas por medio de dos vías de comunicación distintas, de forma que la inutilización de una de ellas produzca la transmisión de la señal de alarma por la otra, o bien una sola vía que permita la transmisión digital con supervisión permanente de la línea y una comunicación de respaldo (backup).

k) Instalación de una antena que permita la captación y la transmisión de las señales de los sistemas de seguridad.

2. Todos los dispositivos electrónicos del sistema de seguridad deberán ser de los clasificados de grado 4 en la Norma UNE 50131-1.

Artículo 8. **Cámaras acorazadas.**

1. Las cámaras acorazadas de las empresas que se constituyan para la actividad de depósito, custodia y tratamiento de monedas y billetes, títulos-valores y objetos valiosos o peligrosos, excepto los explosivos, han de reunir las siguientes características:

    a) Estarán delimitadas por una construcción de muros acorazados en paredes, techo y suelo, con acceso a su interior a través de puerta y trampón igualmente acorazado.

    b) El muro estará rodeado en todo su perímetro lateral por un pasillo de ronda con una anchura máxima de sesenta centímetros, delimitado por un muro exterior de grado de seguridad 2, según la Norma UNE-EN 1143-1.

    c) La cámara ha de estar construida en muros, puerta y trampón con materiales de alta resistencia y de forma que su grado de seguridad sea como mínimo de grado de seguridad 7, según la Norma UNE-EN 1143-1.

    d) La puerta de la cámara acorazada contará con dispositivo de bloqueo y sistema de apertura retardada de diez minutos como mínimo, pudiendo ser sustituido este último por la interacción de personal de la empresa ubicado en distinto emplazamiento.

    e) El trampón de la cámara acorazada, si existiera, dispondrá de un dispositivo de apertura independiente para emergencias conectado directamente con la central de alarmas.

    f) La cámara estará dotada de detección sísmica, detección microfónica u otros dispositivos que permitan detectar cualquier ataque a través de paredes, techo o suelo y de detección volumétrica en su interior. Todos estos elementos conectados al sistema de seguridad deberán transmitir la señal de alarma por dos vías de comunicación distintas, de forma que la inutilización de una de ellas produzca la transmisión de la señal de alarma por la otra, o bien una sola vía que permita la transmisión digital con supervisión permanente de la línea y una comunicación de respaldo (backup).

2. Cuando el volumen de moneda imposibilite su depósito en la cámara acorazada, la empresa de seguridad podrá disponer su almacenamiento en una zona próxima a dicha cámara, debiendo estar dotada de puerta de seguridad con dispositivo de apertura automática a distancia, y

manualmente sólo desde su interior. El acceso a esta zona y su interior estará controlado desde el centro de control de la empresa y protegido por el sistema de seguridad.

3. Todos los dispositivos electrónicos del sistema de seguridad de las cámaras acorazadas de estas empresas deberán ser de los clasificados de grado 4 en la Norma UNE 50131-1.

Artículo 9. **Depósitos de explosivos.**

1. Los depósitos de explosivos autoprotegidos de las empresas de seguridad registradas y autorizadas para la prestación de este tipo de servicios deberán reunir las medidas de seguridad físicas y electrónicas de protección y el resto de los requisitos establecidos en el Reglamento de Explosivos para este tipo de depósitos o instalaciones.

2. Todos los dispositivos electrónicos del sistema de seguridad de estas empresas y de los depósitos de explosivos deberán ser de los clasificados de grado 4 en la Norma UNE 50131-1.

3. Cuando los depósitos de explosivos no cuenten con las medidas de seguridad previstas en este artículo, deberán tener, como mínimo, un vigilante de seguridad de la especialidad de explosivos y con arma en servicio de vigilancia permanente.

Artículo 10. **Vehículos de transporte de fondos, valores y objetos valiosos o peligrosos.**

Los vehículos utilizados para el transporte y distribución de fondos, valores y objetos valiosos o peligrosos deberán reunir las siguientes características:

a) División del vehículo en tres compartimentos:

1.º El compartimento delantero, en el que se situará únicamente el conductor, con la puerta izquierda para su acceso y la derecha que sólo podrá abrirse desde el interior, y separado del compartimento central por una mampara blindada sin acceso.

La llave que permita la apertura del dispositivo de seguro interior de la puerta del conductor quedará depositada en la sede o delegación de la empresa donde el vehículo blindado preste servicio.

2.º El compartimento central, en el que viajarán los vigilantes de seguridad, con una puerta a cada lado, estará separado del compartimento posterior por una mampara blindada que dispondrá de una puerta blindada de acceso a la zona de carga de reparto, con sistema de apertura esclusa con las laterales del vehículo, de forma que no puedan estar abiertas simultáneamente.

En la zona de la mampara central, que delimita el compartimento donde viajan los vigilantes de seguridad, con la zona de recogida, se instalará un sistema o mecanismo que permita la introducción de objetos e impida su sustracción, dotándola de una puerta blindada que sólo se podrá abrir en la base de la empresa de seguridad.

3.º El compartimento posterior, destinado a la carga, estará, a su vez, dividido en dos zonas, la de reparto y la de recogida, separadas por una mampara blindada. Este compartimento podrá disponer de una puerta exterior en la parte trasera del vehículo, de una o dos hojas blindadas y con cerradura de seguridad, que se abrirá únicamente en las zonas esclusas de máxima seguridad donde pueda acceder el vehículo.

La llave de la puerta mencionada en el párrafo anterior estará siempre depositada en la sede o delegación de la empresa donde el vehículo preste sus servicios.

b) Cumplir los siguientes niveles de resistencia en los blindajes de los vehículos, determinados por la Norma europea UNE-EN 1063 para blindajes transparentes o traslúcidos o por la Norma UNE 108132 para los blindajes opacos:

1.º Perímetro exterior de los compartimentos delantero, central y de la mampara delantera: BR5.

2.º Perímetro exterior del compartimento posterior y suelo del vehículo: BR3.

3.º Mampara de separación entre los compartimentos central y posterior: BR4.

4.º Mampara de separación entre las zonas de carga: BR3.

c) Troneras distribuidas en las partes laterales y parte posterior del vehículo.

d) Dispositivo que permita el control del vehículo desde la sede o delegaciones de la empresa mediante un sistema de navegación global que permita al centro de control de la empresa de transporte la localización de sus vehículos con precisión y en todo momento.

e) Sistemas de comunicación apropiados que permitan contactar, en cualquier momento, con la empresa y con las autoridades competentes, así como la intercomunicación de los vigilantes de seguridad de transporte y protección con el conductor del vehículo.

f) Instalación de una antena exterior en el vehículo blindado, al objeto de transmitir y recibir cualquier comunicación por medio del equipo de telefonía móvil celular.

g) Cerramientos eléctricos o mecánicos en puertas, depósito de combustible y acceso al motor, cuya apertura sólo pueda ser accionada desde el interior del vehículo.

h) Sistema de alarma con dispositivo acústico y luminoso, que se pueda activar en caso de atraco o entrada en el vehículo de persona no autorizada.

TECNICAS Y PROCEDIMIENTOS PROFESIONALES (I)

i) El depósito de combustible, cuando no sea de gasoil, deberá contar con protección suficiente para impedir que se produzca una explosión de este en el caso de que se viera alcanzado por un proyectil o fragmento de explosión, así como para evitar la reacción en cadena del combustible ubicado en el depósito en caso de incendio del vehículo.

j) Protección contra la obstrucción en el extremo de la salida de humos del motor.

k) Sistemas de aire acondicionado, detección y extinción de incendios.

l) Número único e identificador del vehículo que, en adhesivo o pintura reflectantes, se colocará en la parte exterior del techo del vehículo, de tamaño suficiente para hacerlo visible a larga distancia. Dicho número deberá figurar también en las partes laterales y posteriores del vehículo.

m) Cartilla o certificado de idoneidad del vehículo, en los que constará su matrícula y números de motor y bastidor, y se certificará, por los fabricantes, carroceros o técnicos que hayan intervenido en la acomodación del furgón, que reúne las características exigidas en el presente artículo. Esta cartilla deberá estar depositada en la sede o delegación de la empresa donde el blindado tenga su base.

n) Cartilla de control del vehículo, en la que se recogerán sus revisiones, que deberán efectuarse semestralmente, no debiendo transcurrir más de nueve meses entre dos revisiones sucesivas, y en las que constará: nombre de la empresa, número y matrícula del vehículo, números de su motor y bastidor, así como los elementos objeto de revisión, tales como: equipos de comunicación, alarmas, puertas, trampón, cerraduras, sistema de detección y extinción de incendios, y todos aquellos que fueran de interés para la seguridad de la dotación, el vehículo y la carga. La mencionada cartilla se custodiará en el propio vehículo y se firmará y fechará de conformidad con la revisión y subsanación que hubiere procedido, en su caso, por el técnico encargado de la misma.

Artículo 11. Vehículos de transporte de explosivos y cartuchería metálica.

1. Sin perjuicio del cumplimiento de cualesquiera otros requisitos exigibles de conformidad con lo establecido en la legislación de ordenación de los transportes por carretera y, especialmente, en el Real Decreto 551/2006, de 5 de mayo, por el que se regulan las operaciones de transporte de mercancías peligrosas por carretera en territorio español, los vehículos que se dediquen al transporte de explosivos y cartuchería metálica deberán reunir los siguientes requisitos:

a) De seguridad:

1.º Sistema de bloqueo del vehículo, constituido por un mecanismo tal que, al ser accionado directamente (mediante pulsador) o indirectamente (por apertura de las puertas de la cabina, sin desactivar el sistema), corte la inyección de combustible al motor del vehículo, y accione una alarma acústica y luminosa. Este sistema deberá tener un retardo entre su activación y acción de dos minutos como máximo.

2.º Una rejilla metálica en el interior del tubo del depósito de suministro de combustible al vehículo, para impedir la introducción de elementos extraños.

3.º Sistema de protección del depósito de combustible, con arreglo a lo dispuesto en los párrafos i) y j) del artículo 10.

4.º Cierre especial de la caja del vehículo, mediante candado o cerradura de seguridad.

b) De señalización:

Panel en el exterior del techo de la cabina del vehículo con los requisitos especificados en el anexo II.

La Dirección General de la Policía y de la Guardia Civil, ámbito de la Guardia Civil, podrá dispensar la exigencia de este requisito en circunstancias especiales por razones de seguridad.

c) De comunicaciones:

Los vehículos dispondrán de un teléfono de instalación fija en el mismo, que permita la comunicación con la sede o delegaciones de la empresa, así como la memorización de los teléfonos de los Centros Operativos de Servicios de las circunscripciones de las Comandancias de la Guardia Civil por las que circule el transporte.

La antena estará instalada y debidamente protegida en la parte superior de la caja del vehículo, debiendo contar con un sistema de navegación global que permita al centro de control de la empresa de transporte la localización de sus vehículos con precisión y en todo momento.

2. Los requisitos anteriormente descritos deberán ser inspeccionados por la Guardia Civil con la antelación suficiente al inicio del transporte solicitado, debiendo quedar constancia de que el vehículo reúne dichos requisitos en la guía de circulación o documento similar que acompañe el transporte.

3. Sin perjuicio de que los vehículos de transporte de explosivos y cartuchería metálica reúnan las condiciones anteriormente señaladas, cuando las circunstancias lo requieran, a juicio de la Guardia Civil se podrá exigir que los transportes de dichas materias sean acompañados por servicio de escolta, público o privado, en cumplimiento de lo dispuesto en el Reglamento de Explosivos.

Artículo 12. **Locales de centrales de alarmas.**

1. Los locales en que se instalen las centrales de alarmas, deberán disponer de un sistema de seguridad compuesto como mínimo por los siguientes elementos:

TECNICAS Y PROCEDIMIENTOS PROFESIONALES (I)

a) Puertas exteriores blindadas, con clase de resistencia V, de acuerdo con la Norma UNE-ENV 1627 y contactos magnéticos de mediana potencia como mínimo, que permitan identificar la puerta abierta fuera de las horas de oficina.

b) Circuito cerrado de televisión que permita el control de los accesos, así como de las dependencias anejas al centro de control. Cuando la central se hallase en edificio independiente, dicho sistema deberá controlar también su perímetro.

c) Detección volumétrica de la clasificada de grado 3 en la Norma UNE 50131-1 en las dependencias anejas al centro de control, así como en el lugar donde se ubique el generador o acumulador de energía.

d) Protección de las líneas telefónicas y eléctricas mediante acometida canalizada y protección del tendido de cables desde su entrada al edificio hasta el local en que se ubique el centro de control, siempre que sea jurídica y técnicamente posible.

e) Instalación de antena o antenas que aseguren la recepción y transmisión de las señales de alarma por medio de dos vías de comunicación.

2. Los sistemas para la recepción y verificación de las señales de alarmas a que se refiere el apartado I.6.b) del anexo al Reglamento de Seguridad Privada estarán instalados en un centro de control, cuyo local ha de reunir las siguientes características:

   a) Carecer de paredes medianeras con edificios o locales ajenos a los de la propia empresa. En el caso de que existan muros o paredes medianeras con edificios o locales ajenos a los de la propia empresa, se construirá un muro interior circundante con materiales de alta resistencia y de forma que su grado de seguridad sea 5, según la Norma UNE-EN 1143-1.

   b) Acristalamiento de blindaje antibalas con categoría de resistencia BR4 conforme a lo establecido en la Norma UNE-EN 1063.

   c) Doble puerta blindada de acceso con clase de resistencia V de acuerdo con la Norma UNE-ENV 1627, con sistema conmutado tipo esclusa y dispositivo de apertura a distancia, debiendo ser este manual desde su interior.

   d) Las paredes que delimiten o completen la zona no acristalada de la sala de control serán de igual grado de resistencia que el acristalamiento de esta, es decir, BR4 según la Norma española UNE 108132.

   e) Control de los equipos y sistemas de captación y registro de imágenes.

   f) Sistema de interfonía en el control de accesos.

g) La sala de control siempre estará atendida por dos operadores por turno, como mínimo.

h) Generador o acumulador de energía, con autonomía de veinticuatro horas, como mínimo, en caso de corte del fluido eléctrico.

i) Dispositivo de alarma por omisión (APO) que produzca la transmisión de una alarma a otra central autorizada en caso de desatención por los operadores en un plazo superior a diez minutos, para su comunicación inmediata a las Fuerzas y Cuerpos de Seguridad.

j) Contará con dos vías de comunicación, como mínimo, para la recepción y transmisión de las señales de alarma recibidas.

3. La caja fuerte a que se refiere el apartado primero del artículo 49 del Reglamento de Seguridad Privada deberá contar con un grado de seguridad 3, según la Norma UNE-EN 1143-1. Cuando las llaves se custodien en el interior del local del centro de control, no será precisa la utilización de caja fuerte.

4. Los titulares de los locales donde se ubiquen las centrales de alarma de uso propio podrán solicitar la dispensa de alguna de las medidas de seguridad recogidas para el centro de control en el apartado segundo de este artículo cuando el edificio donde esté situado sea de uso exclusivo de la empresa y disponga de medidas de seguridad físicas y electrónicas que permitan sustituir a las exigidas.

Esta dispensa deberá solicitarse a la Unidad Orgánica Central de Seguridad Privada del Cuerpo Nacional de Policía y ser autorizada por el Director General de la Policía y de la Guardia Civil o, en su caso, por las autoridades autonómicas competentes.

CAPÍTULO II: Funcionamiento de las empresas de seguridad.

Sección 1.ª Disposiciones comunes

Artículo 13. **Colaboración con las Fuerzas y Cuerpos de Seguridad.**

1. El deber de colaboración con las Fuerzas y Cuerpos de Seguridad y las comunicaciones a que se refiere el apartado primero del artículo 14 del Reglamento de Seguridad Privada se efectuarán al Cuerpo competente, de acuerdo con la distribución de competencias a que se refiere el apartado segundo del artículo 11 de la Ley Orgánica 2/1986, de 13 de marzo, y los artículos 2 y 18 de la Ley 23/1992, de 30 de julio, de Seguridad Privada, o, en su caso, a la Policía Autónoma correspondiente.

2. Las empresas de seguridad privada facilitarán a las Fuerzas y Cuerpos de Seguridad que se lo requieran, directamente y sin dilación, la información o colaboración que les resulte a éstos necesaria para el ejercicio de sus respectivas funciones.

Artículo 14. **Libros-Registro.**

1. Los Libros-Registro generales y específicos que se establecen en el Reglamento de Seguridad Privada y que deberán llevar las empresas de

TECNICAS Y PROCEDIMIENTOS PROFESIONALES (I)

seguridad se ajustarán a los modelos oficiales aprobados por Resolución del Secretario de Estado de Seguridad, y deberán conservarse durante un periodo de cinco años.

Los asientos o anotaciones podrán ser realizados por procedimientos informáticos o cualesquiera otros idóneos sobre hojas sueltas o separables, cuya confección se ajustará a las características de los modelos, y serán objeto de encuadernación posterior.

Las hojas de los Libros-Registro o, en su caso, las hojas o soportes que se utilicen para la formación posterior de aquéllos deberán ser foliadas y selladas con carácter previo al inicio de las anotaciones. En la primera hoja, la Jefatura Superior de Policía o Comisaría Provincial o Local y, en su caso, la Policía Autonómica, correspondiente a la demarcación territorial de la sede social de la empresa o delegaciones de esta, asentará la diligencia de habilitación del Libro. En la citada diligencia constarán los siguientes extremos: fin a que se destina, empresa a la que pertenece, número de folios de que consta, precepto que cumplimenta la diligencia, lugar y fecha de esta, debiendo estar firmada por el responsable de la respectiva dependencia policial o persona en quien delegue.

2. Las primeras hojas del Libro-Registro de entrada y salida de armas, tras la diligencia de habilitación por el Interventor de Armas y Explosivos correspondiente, se destinarán a la reseña de las armas que hayan tenido entrada en el correspondiente armero, haciendo constar fecha y hora de entrada, marca, modelo y número, así como causa, fecha y hora de salida. Las restantes hojas del Libro se dedicarán al control del uso de las armas, anotándose respecto de cada una la fecha y hora de recogida, apellidos y nombre o número de la tarjeta de identidad profesional del vigilante que la recoge; la dotación de munición adjudicada a cada una de las armas concretando la existencia anterior y la existencia actual; fecha y hora de entrega o depósito y firma de quien lo efectúa. En los servicios en los que el arma pase del vigilante saliente al entrante firmarán ambos. Se anotarán también con expresión de su número las autorizaciones de traslado de armas, cuyas copias se archivarán junto al Libro para facilitar las inspecciones. Se reservará un espacio para observaciones.

El modelo del Libro será aprobado por el Secretario de Estado de Seguridad, a propuesta de la Dirección General de la Policía y de la Guardia Civil, ámbito de la Guardia Civil.

3. En el Libro-Catálogo de revisiones se destinarán las primeras hojas a la descripción de los sistemas instalados, haciendo constar el número de autorización de la empresa instaladora, la fecha y lugar de instalación y, en su caso, modificaciones posteriores. Las restantes hojas se dedicarán a la reseña de las revisiones del sistema, haciendo constar número de autorización de la empresa que las efectúa, número de contrato, fecha de revisión, nombre y apellidos del técnico y su firma, y, en su caso, deficiencias observadas y fecha de subsanación. La firma del técnico en el Libro podrá ser sustituida por la que conste en el albarán o el parte de

trabajo efectuado, debiendo en este caso incorporarse el albarán o el parte al Libro.

En los Libros-Registro no podrán realizarse enmiendas, modificaciones o interpolaciones. La corrección de los errores que pudieran producirse se llevará a cabo en el momento en que se adviertan, haciendo constar en la primera línea inmediatamente disponible la anulación de la anotación errónea con referencia a su número de orden y consignando a continuación debidamente la que proceda.

Artículo 15. **Custodia de armas.**

1. Los asentamientos en los Libros-Registro de armas se efectuarán en el momento de la entrega, depósito o recogida de cada arma, y los jefes de seguridad o sus delegados se responsabilizarán de que dichas anotaciones se correspondan con el movimiento de las armas, impartiendo a tal efecto las instrucciones necesarias de forma que se garantice el control de estas.

2. El jefe o responsable del servicio designado o, en su defecto, el vigilante de seguridad de mayor antigüedad que se encuentre prestando servicio en el lugar donde esté ubicado el armero, tendrá bajo su custodia la llave o mecanismo que permita la apertura de este, debiendo facilitar el acceso al armero en el momento en que se produzca la inspección por los funcionarios competentes. Se exceptúa el supuesto de que se trate de la caja fuerte del local en los casos previstos en el apartado cuarto del artículo 25 del Reglamento de Seguridad Privada.

En las sedes o delegaciones autorizadas de las empresas de seguridad estarán depositadas las copias de las llaves, llaves maestras o aquellos otros mecanismos que permitan la apertura de los armeros instalados en los lugares de prestación de los distintos servicios de las empresas. Igualmente, estarán depositadas aquéllas que permitan la apertura de los armeros instalados en las sedes o delegaciones autorizadas.

La custodia de estas llaves o mecanismos se realizará de acuerdo con las instrucciones impartidas por el jefe de seguridad o sus delegados, de tal forma que pueda accederse a la comprobación de todas las armas depositadas, tanto en los armeros de los servicios como en los de las sedes sociales, sucursales o delegaciones, excepto cuando se trate de la caja fuerte del local en los casos previstos en el apartado cuarto del artículo 25 del Reglamento de Seguridad Privada.

La combinación de la cerradura del armero deberá ser modificada una vez cada tres meses como mínimo y, en todo caso, cuando cambie alguna de las personas encargadas de este control.

3. Independientemente de los cometidos atribuidos en el Capítulo II del Título IV del Reglamento de Seguridad Privada sobre las inspecciones, los Interventores de Armas y Explosivos de la Guardia Civil, además de las comprobaciones de los armeros y de las armas que contengan, las efectuarán también sobre el funcionamiento de los sistemas de seguridad de los mismos, de acuerdo con la autorización, y examinarán los Libros-Registros de entrada y salida de armas, sin perjuicio de las atribuciones

TECNICAS Y PROCEDIMIENTOS PROFESIONALES (I)

que corresponden a los funcionarios competentes del Cuerpo Nacional de Policía.

Artículo 16. Modelo de contrato.

1. Los contratos en que se concreten las prestaciones de las diferentes actividades se consignarán por escrito, debiendo contener, con carácter general, los siguientes datos y cláusulas, acorde al modelo disponible en la sede electrónica de la Dirección General de la Policía y la Guardia Civil, ámbito del Cuerpo Nacional de Policía o, en su caso, de las Comunidades Autónomas competentes:

   a) Fecha y número del contrato.

   b) Nombre y apellidos, número o código de identificación fiscal y domicilio de las partes contratantes, carácter con el que actúan y, en su caso, poder acreditado ante Notario. El mencionado poder habrá de estar inscrito en el Registro Mercantil cuando se otorgue por las empresas de seguridad, sin perjuicio de lo dispuesto en el apartado sexto del artículo 94 del Reglamento del Registro Mercantil, aprobado por el Real Decreto 1784/1996, de 19 de julio.

   c) Objeto de la prestación del servicio.

   d) Lugar donde se va a prestar el servicio.

   e) Precio del servicio.

   f) Obligación de ajustarse a lo prevenido en la normativa reguladora de la seguridad privada.

   g) Duración del contrato.

   h) Fecha de entrada en vigor del contrato, que será como mínimo tres días posterior a la de presentación del contrato, en los lugares previstos en el artículo siguiente, o en el correspondiente de la Comunidad Autónoma competente, salvo en los casos de urgencia previstos en el apartado tercero del artículo 20 del Reglamento de Seguridad Privada.

2. Cuando el volumen de la contratación, la imposibilidad objetiva de planificación de los servicios de seguridad u otras causas impidan el conocimiento previo de todos los servicios, las empresas de seguridad podrán concertar con sus clientes un contrato que contenga las cláusulas generales, concretando posteriormente en anexos aquellos datos del modelo oficial de contrato que no hubieran sido incluidos en el mismo. A los mencionados anexos les será de aplicación lo dispuesto en el artículo 20 del Reglamento de Seguridad Privada sobre presentación con la antelación que en dicho precepto se determina.

Artículo 17. Comunicación de contratos.

1. Las empresas de seguridad deberán comunicar los contratos por vía electrónica a través de la sede electrónica de la Dirección General de la Policía y de la Guardia Civil, ámbito del Cuerpo Nacional de Policía, una

vez que este procedimiento sea incluido en el anexo de la Orden INT/3516/2009, de 29 de diciembre, o, en su caso, en la correspondiente de las Comunidades Autónomas, dentro de los plazos a que se refiere el párrafo h) del apartado primero del artículo 16, utilizando para ello los medios que la Administración ponga a su disposición para el cumplimiento de esta obligación.

2. Cuando existiera imposibilidad técnica para la comunicación electrónica de los contratos, éstos se presentarán en original y dos copias en la Comisaría Provincial o Local del Cuerpo Nacional de Policía donde se celebre el contrato o, cuando éstas no existan, en los Cuarteles o Puestos de la Guardia Civil, en los plazos a que se refiere el párrafo h) del apartado primero del artículo 16, o, en su caso, en los del órgano correspondiente de la Comunidad Autónoma competente. En el acto de presentación se devolverá el original y primera copia, sellados y fechados.

3. Cuando los contratos se presenten en Comisarías del Cuerpo Nacional de Policía o en dependencias de la Guardia Civil, dichas Comisarías o dependencias remitirán la segunda copia, antes de la entrada en vigor del contrato, a la Jefatura Superior o Comisaría Provincial del Cuerpo Nacional de Policía correspondiente o a la Comandancia de la Guardia Civil del lugar de prestación del servicio en el caso de los contratos de los guardas particulares del campo y sus especialidades, con indicación de la fecha de presentación.

4. En los casos en que la contratación tenga por objeto la prestación de servicios numerosos y homogéneos, se presentará un contrato al que será de aplicación toda la regulación de seguridad privada relativa a los contratos, debiendo la empresa de seguridad comunicar, con tres días de antelación, a la dependencia oficial correspondiente, el comienzo del servicio concreto de que se trate.

5. Si se tratare de servicios numerosos y homogéneos, de instalación, mantenimiento o conexión a una central de alarmas, de sistemas de seguridad correspondientes a una misma entidad o empresa obligada a disponer de medidas de seguridad, la empresa de seguridad podrá comunicar el contrato, sustituyéndose la presentación del contrato de cada servicio por la del certificado de la empresa de seguridad a que se refiere el artículo 42 del Reglamento de Seguridad Privada en el momento de la preceptiva inspección.

6. Cuando la duración del contrato sea prorrogable, habrá de comunicarse la finalización del servicio por iguales medios que para la comunicación de su inicio.

7. Las empresas o establecimientos que estén obligados a la adopción de medidas de seguridad, deberán disponer siempre de una copia de los respectivos contratos de prestación de servicios de seguridad, fechados y sellados en las dependencias a las que se refiere el apartado segundo, o un recibo firmado electrónicamente que consistirá en una copia autenticada del contrato si se presentó de forma electrónica, que estará a disposición de los funcionarios del Cuerpo Nacional de Policía con

competencia en esta materia, o, en su caso, de los funcionarios de la Comunidad Autónoma competente.

Artículo 18. **Fichero automatizado de contratos.**

1. En la Unidad Orgánica Central de Seguridad Privada del Cuerpo Nacional de Policía se llevará un fichero automatizado de los contratos de prestación de servicios suscritos entre las empresas de seguridad y terceros, en el que constarán los datos y las cláusulas obligatorias a que se refiere el artículo 16.

2. En dicho fichero se harán constar los contratos indicados de las empresas de seguridad registrados por dicha Unidad Orgánica Central, y los que, en su caso, hayan de comunicar las Comunidades Autónomas con competencia en la materia.

3. Los datos de este fichero estarán a disposición de la propia Unidad Orgánica Central de Seguridad Privada y de la Comisaría de Policía del lugar en que se va a prestar el servicio, así como de su correspondiente Jefatura Superior o Comisaría Provincial para el desempeño de las funciones de inspección y control que les son propias.

Sección 2.ª Disposiciones específicas

Artículo 19. **Comunicación de altas y bajas de personal.**

1. A efectos de control, las empresas de seguridad deberán comunicar, a través de la sede electrónica de la Dirección General de la Policía y de la Guardia Civil, ámbito del Cuerpo Nacional de Policía, una vez que este procedimiento sea incluido en el anexo de la Orden INT/3516/2009, de 29 de diciembre, o, en su caso, en la correspondiente de las Comunidades Autónomas, o a la Comisaría Provincial de Policía correspondiente, las altas y bajas de los vigilantes de seguridad y sus especialidades, en el plazo de los cinco días siguientes a producirse dichas altas y bajas.

2. Las comunicaciones relativas a jefes de seguridad y directores de seguridad, así como sus respectivos delegados, deberán comunicarse a través de la sede electrónica mencionada en el apartado anterior a la Unidad Orgánica Central de Seguridad Privada del Cuerpo Nacional de Policía.

3. Las comunicaciones referidas a los guardas particulares del campo y sus especialidades se harán a la Comandancia de la Guardia Civil correspondiente por las empresas que los hayan contratado.

Artículo 20. **Vigilancia y protección del depósito de objetos valiosos y peligrosos.**

1. Los inmuebles que destinen las empresas autorizadas para la actividad de depósito, custodia y tratamiento de objetos valiosos o peligrosos, excepto los explosivos, deberán ser controlados permanentemente por dos vigilantes de seguridad como mínimo.

2. No obstante, podrán ser controlados por un solo vigilante cuando el sistema de seguridad determinado en el artículo 7 se complete con un dispositivo que produzca la transmisión de una alarma a las Fuerzas y Cuerpos de Seguridad, en el caso de desatención por el responsable del centro de control durante un tiempo superior a diez minutos.

3. Los depósitos de explosivos, salvo los autoprotegidos, regulados en el artículo 9 contarán con un servicio de seguridad permanente integrado por un vigilante de explosivos como mínimo.

Artículo 21. **Vigilancia y protección del transporte de fondos, objetos valiosos o peligrosos, excepto explosivos.**

1. Cuando los fondos o valores no excedan de la cantidad prevista en el apartado 1 del anexo III, o de la prevista en el apartado 2 del citado anexo si el transporte se efectuase de forma regular y con una periodicidad inferior a los seis días, el transporte podrá ser realizado por un vigilante de seguridad dotado, como mínimo, del arma corta reglamentaria y en vehículo, blindado o no, de la empresa de seguridad autorizada para el transporte de fondos u objetos valiosos, debiendo contar con medios de comunicación con la sede de su empresa. En el caso de que se hayan de efectuar entregas o recogidas múltiples cuyo valor total exceda de las expresadas cantidades, los vigilantes habrán de ser, como mínimo, dos.

2. Si las cantidades no exceden de las previstas en el apartado 2 del anexo III y son en moneda metálica, aunque se trate de entregas o recogidas múltiples, el transporte podrá realizarse por un solo vigilante de seguridad armado, en vehículo de la empresa de seguridad autorizada para esta actividad de transporte, dotado con sistema de localización por satélite y que deberá contar con medios de comunicación con la sede de su empresa.

3. Cuando el valor de lo transportado exceda de las cantidades determinadas en el apartado anterior, el transporte habrá de realizarse obligatoriamente por las empresas de seguridad autorizadas para esta actividad de transporte, en vehículos blindados, con los requisitos a que se refiere el artículo 10.

4. La comunicación a las dependencias de las Fuerzas y Cuerpos de Seguridad a que se refiere el artículo 36 del Reglamento de Seguridad Privada o, en su caso, al órgano correspondiente de la Comunidad Autónoma competente, se efectuará cuando la cuantía de lo transportado exceda de la prevista en el apartado 3 del anexo III.

5. La obligación de realizar el transporte en vehículos blindados a la que se refiere el apartado tercero, será también de aplicación a las obras de arte que en cada caso determine el Ministerio de Cultura, así como a aquellos objetos señalados por la Dirección General de la Policía y de la Guardia Civil o las Delegaciones de Gobierno en atención a su valor, peligrosidad o expectativas generadas, así como antecedentes y otras circunstancias.

6. Cuando las características o tamaño de los objetos o efectos impidan su transporte en vehículos blindados, las empresas de seguridad autorizadas

TECNICAS Y PROCEDIMIENTOS PROFESIONALES (I)

para este tipo de actividad podrán realizar estos transportes utilizando otro tipo de vehículos, propios o ajenos, contando con la protección de dos vigilantes de seguridad como mínimo, que se deberán dedicar exclusivamente a la función de protección e ir armados con la escopeta a que se refiere el apartado noveno de este artículo.

7. Las Delegaciones o Subdelegaciones del Gobierno o la Dirección General de la Policía y de la Guardia Civil, ámbito del Cuerpo Nacional de Policía, o, en su caso, los órganos correspondientes de las Comunidades Autónomas competentes podrán disponer una mayor protección, aumentando a tres el número de vigilantes, teniendo en cuenta los criterios de valoración y riesgo que se enumeran en el apartado primero.

8. Cuando se realicen los transportes referidos en los apartados quinto y sexto, la empresa de seguridad dispondrá de un plan de seguridad en el que se harán constar los nombres y números de los vigilantes de seguridad, rutas alternativas, claves y cualquier otro dato de interés para la seguridad, que será entregado en la Unidad Orgánica Central de Seguridad Privada del Cuerpo Nacional de Policía, con una antelación mínima de tres días a la realización del servicio.

9. El vigilante o vigilantes de protección portarán la escopeta de repetición del calibre 12/70, con cartuchos de 12 postas comprendidas en un taco contenedor.

Artículo 22. **Material de instalaciones.**

1. Los elementos que componen los sistemas de seguridad, de acuerdo con el apartado primero del artículo 40 del Reglamento de Seguridad Privada, deberán estar aprobados conforme a las Normas europeas UNE-EN 50130, 50131, 50132, 50133, 50136 y Norma UNE CLC/TS 50398, o aquellas Normas llamadas a reemplazar a las citadas, según sean de aplicación a los diferentes tipos de sistemas.

2. Las empresas de seguridad de instalación y mantenimiento y los titulares de los sistemas de seguridad, independientemente de su conexión o no a central de alarmas o centros de control, cuidarán y serán responsables de que los medios materiales o técnicos, aparatos de alarma y dispositivos de seguridad que instalen o utilicen, no ocasionen en su funcionamiento daños a las personas, molestias a terceros o perjuicios a los intereses generales.

3. Todas las instalaciones realizadas por empresas autorizadas deberán incluir, en el certificado de instalación que exige el artículo 42 del Reglamento de Seguridad Privada, el grado de seguridad del sistema, conforme al apartado correspondiente de las Normas mencionadas en el apartado primero.

4. El grado de seguridad de un sistema de alarma será el del grado más bajo aplicable a uno de sus componentes.

Artículo 23. **Homologación de sistemas de seguridad.**

A los efectos de la normativa reguladora de la seguridad privada, se entenderá por sistema de seguridad el conjunto de aparatos o dispositivos electrónicos contra robo e intrusión o para la protección de personas y bienes, cuya activación sea susceptible de producir la intervención policial, independientemente de que esté o no conectado a una central de alarmas o centros de control.

Se considerará que forma parte de la instalación de un sistema de seguridad, todo aquello que complemente a estos dispositivos, automática, material o procedimentalmente, incluyendo controles de acceso y sistemas de video vigilancia. Cuando la instalación se conecte a central de alarmas, deberá ajustarse a lo dispuesto en los artículos 40, 42 y 43 del Reglamento de Seguridad Privada, considerándose homologados si reúnen las características determinadas en los artículos 22 y 24 de la presente Orden.

Artículo 24. **Características de los sistemas de seguridad.**

Los sistemas de alarma que se pretendan conectar con una central de alarmas habrán de reunir las siguientes características:

a) Disponer del número suficiente de elementos de protección que permitan a la central diferenciar las señales producidas por una intrusión o ataque de las originadas por otras causas.

b) Contar con tecnología que permita acceder desde la central de alarmas bidireccionalmente a los sistemas conectados a ella, para posibilitar la identificación y tratamiento singularizado de las señales correspondientes a las distintas zonas o elementos que componen el sistema, así como el conocimiento del estado de alerta o desconexión de cada una de ellas, y la desactivación de las campanas acústicas.

Artículo 25. **Servicios de centrales de alarmas.**

1. Las centrales de alarmas únicamente podrán desarrollar el servicio de centralización de las alarmas correspondientes a las competencias de las Fuerzas y Cuerpos de Seguridad y a la prevención contra incendios. Las centrales de alarma de uso propio no podrán prestar estos servicios a terceros, debiendo limitarlos al ámbito interno propio de la empresa o grupo empresarial.

2. Dichas centrales deberán comprobar la veracidad del ataque o intrusión utilizando los procedimientos técnicos de verificación previstos en la normativa sobre funcionamiento de los sistemas de alarma en el ámbito de la seguridad privada para identificar la realidad y causa de la señal recibida. Cuando tal verificación sea insuficiente o no ofrezca garantías, en cumplimiento del artículo 49 del Reglamento de Seguridad Privada, podrán desplazar vigilantes de seguridad al lugar de los hechos, cuando así figure en el contrato, para la verificación personal y, en su caso, respuesta a la alarma recibida, en las condiciones establecidas en la normativa citada.

TECNICAS Y PROCEDIMIENTOS PROFESIONALES (I)

3. Tendrá la consideración de alarma real la verificación realizada por uno o varios de los procedimientos recogidos en la normativa sobre funcionamiento de los sistemas de alarma en el ámbito de la seguridad privada.

   Cumplidos los requisitos establecidos en dicha normativa, se comunicará la alarma inmediatamente a las Fuerzas y Cuerpos de Seguridad correspondientes.

4. En los supuestos en que una alarma real no haya sido comunicada al servicio policial competente, o cuando se haya retrasado injustificadamente su comunicación, la central de alarmas deberá elaborar un informe explicativo de las causas que motivaron la ausencia de comunicación de la alarma real producida y entregarlo al servicio policial y al usuario titular del servicio en un plazo de diez días desde que se produjo el incidente.

5. Las centrales de alarmas sólo podrán realizar como servicios complementarios a la verificación de las alarmas, los previstos en el artículo 49 del Reglamento de Seguridad Privada y desarrollados en la normativa sobre funcionamiento de los sistemas de alarma en el ámbito de la seguridad privada, no pudiendo ser prestados tales servicios por empresas no autorizadas para esta actividad, salvo lo dispuesto para los casos de subcontratación con empresas de vigilancia y protección de bienes, de acuerdo con lo dispuesto en el apartado cuarto del artículo 14 del Reglamento de Seguridad Privada.

6. Salvo lo dispuesto en el apartado tercero del artículo 49 del Reglamento de Seguridad, o cuando las llaves se custodien en el interior del centro de control, éstas se depositarán en caja fuerte destinada exclusivamente a esta finalidad y que cuente con el nivel de resistencia a que se refiere el artículo 12 de la presente Orden, debiendo estar instalada en la sede o delegaciones autorizadas de la empresa contratante del servicio o de las subcontratadas. Cuando la caja fuerte pese menos de 2.000 kilogramos, deberá estar anclada de manera fija al suelo o pared, conforme a lo establecido en la disposición adicional segunda de la presente Orden.

2.1.5 Convenio nacional de empresas de seguridad.

Resolución de 18 de noviembre de 2020, de la Dirección General de Trabajo, por la que se registra y publica el Convenio colectivo estatal de las empresas de seguridad para el año 2021.

Se trata de la negociación de un nuevo convenio colectivo del sector de la seguridad privada y que afortunadamente, pese a la difícil situación que se vive en el sector, las partes han sido capaces de alcanzar un acuerdo. A la difícil situación por la que atraviesa la economía española, debido a la inconmensurable crisis sanitaria provocada por el COVID-19, no ha sido ajena la seguridad privada que, además, tiene componentes específicos que dificultan la adopción de medidas de salvaguarda adoptadas por otros sectores. Nos encontramos, por ello, en un escenario de incertidumbre total.

Desde distintas posiciones iniciales, el banco social y el empresarial han considerado imprescindible sentar las bases para mantener el necesario diálogo permanente y para paliar las consecuencias de la pandemia y las nuevas adversas situaciones que se plantearán en los próximos años, ante las que se tiene que adaptar la seguridad privada en España.

Los negociadores siguen reivindicando la dignificación del sector y el necesario establecimiento de métodos que contrarrestasen ciertas prácticas de competencia desleal que redundan en perjuicio de los trabajadores, y ello sólo es posible a través de la negociación colectiva. Pero la situación de incertidumbre actual hace aconsejable, que tanto el proceso de negociación del nuevo convenio colectivo como la duración de este no se dilaten en el tiempo. Por ello, las partes han decidido pactar una vigencia de enero a diciembre de 2021, centrándose, fundamentalmente, en los aspectos económicos, y dotarse de más tiempo, para intentar valorar la evolución de los años venideros.

Por nombrar algunas, ambas partes tienen legítimos intereses en regulares temas que permitan un nuevo impulso para avanzar en la plena y efectiva igualdad de las personas trabajadoras, la negociación de los coeficientes reductores que hagan posible una jubilación digna en el sector, así como, entre otros, **encontrar soluciones que hagan sostenible la actividad del transporte de fondos y gestión del efectivo.**

2.1.6 Vigilantes de seguridad para el transporte de fondos.

Son aquellos vigilantes que tienen las atribuciones de su cargo, desarrollando su labor en el servicio de transporte y custodia de bienes y valores, haciéndose responsable, de dichos valores cuando la misma le fuere asignada, teniendo que desempeñar la labor de carga y descarga de los mismos, colaborando entre los mismos en las tareas de mantenimiento y limpieza del vehículo dentro de su jornada laboral.

La carga y descarga se realizará de forma que los Vigilantes de Seguridad tengan, en todo momento, la libertad de movimiento necesaria para usar sus armas reglamentarias si fuera necesario, teniendo en cuenta que el peso

TECNICAS Y PROCEDIMIENTOS PROFESIONALES (I)

que deberá soportar el vigilante de una sola vez no excederá de 15 kilogramos.

Los componentes del furgón blindado deben de estar coordinados y compenetrados. La falta de esa compenetración y sincronismo; puede llevar al fracaso de la operación, a la perdida de los valores transportados o, en el peor de los casos, de la propia vida de alguno de ellos.

Por esta razón es aconsejable que, siempre que las circunstancias lo permitan, la dotación personal de un vehículo de transporte de fondos este formado por los mismos miembros, entrenados para trabajar juntos y apoyarse mutuamente según los planes establecidos.

La dotación del vehículo estará compuesta por tres vigilantes de seguridad como mínimo; que tendrán las siguientes funciones:

2.1.6.a Los requisitos

Los requisitos para ser vigilante de seguridad de transporte de fondos y valores se corresponden con los **requisitos para ser vigilante de seguridad**, y que a modo de resumen son:

- Ser mayor de edad.
- Nacionalidad de alguno de los Estados miembros de la UE, de un Estado del EEE, o de un tercer Estado que tenga suscrito con España un convenio internacional.
- Título de ESO, de Técnico, u otros equivalentes o superiores.
- Test psicotécnico.
- Certificado médico.
- Carecer de antecedentes penales.
- Licencia de armas.
- Superación de exámenes de Policía para su habilitación.

2.1.6.b La formación.

La formación es similar, incluye el **temario común para vigilantes de seguridad** y una **formación específica para el servicio de transporte de seguridad, que incluye 7 temas adicionales sobre:**

- La normativa específica (Ley 05/2014 de 05 de abril, de Seguridad Privada; Real Decreto 2364/1994, Reglamento de Seguridad Privada y Orden INT/314/2011 de 1 de febrero)

- Las funciones del vigilante de transporte de fondos

- Los medios materiales y técnicos (vehículos blindados, medidas de prevención y armas)

- Delincuencia, medidas de seguridad y operativa de servicio

- El transporte de obras de arte, antigüedades y objetos preciosos

- Colaboración con las Fuerzas y Cuerpos de Seguridad

2.1.6.c Clasificación del Personal.

Según la función que realizan.

- Personal operativo:
    - **Vigilante de Seguridad Conductor.**

Es el Vigilante de Seguridad que, estando en posesión del adecuado permiso de conducir y con conocimientos mecánicos elementales en automóviles, efectuará las siguientes funciones:

○ Durante las operaciones de transporte, carga y descarga, el conductor se ocupará del control de los dispositivos de apertura y comunicación del vehículo, y no podrá abandonarlo; manteniendo en todo momento el motor en marcha cuando se encuentre en vías urbanas o lugares abiertos.

TECNICAS Y PROCEDIMIENTOS PROFESIONALES (I)

- o Conducirá el vehículo blindado.
- o Cuidará del mantenimiento y conservación de los vehículos blindados.
- o Asimismo, es el encargado de las tareas de limpieza de estos, dentro de las adecuadas instalaciones de la empresa y con los medios adecuados o, en su defecto, en instalaciones del exterior, dentro de la jornada laboral.
- o Dará, parte diario y por escrito del trayecto efectuado, del estado del automóvil y de los consumos de este.
- o Comprobará los niveles de agua y aceite del vehículo, completándolos, si faltare alguno de los dos, dando parte al Jefe de Tráfico.
- o Revisará diariamente los depósitos de líquido de frenos y de embrague, dando cuenta de las pérdidas observadas.
- o Revisará los niveles de aceite del motor, debiendo comunicar al Jefe de Tráfico la fecha de su reposición periódica.
- o Cuidará el mantenimiento de los neumáticos del vehículo, revisando la presión de estos una vez por semana.

    Además, al ostentar la calidad de Vigilante de Seguridad, realizará las tareas propias del mismo, en la medida que sean compatibles con la función prioritaria de conducción del vehículo blindado.

- **Vigilante de Seguridad de Porteador.**
    - o Colabora en las labores de carga y descarga del blindado junto con el vigilante escolta.

- o Colabora con las tareas de limpieza del vehículo y verificación de las medidas de seguridad en el compartimento central. 
- o Es el responsable de transportar los fardos en las funciones de entrega y recogida de los efectos y/o valores.

- **Vigilante de Seguridad Escolta.**

- o Colabora en las labores de carga y descarga del blindado junto con el vigilante porteador.
- o Colabora con las tareas de limpieza del vehículo y verificación de las medidas de seguridad en el compartimento central.
- o Recoge y verifica la escopeta de dotación reglamentaria.
- o Es el responsable de escoltar al vigilante porteador, protegiendo las labores de recogida y/o entrega de los fondos o efectos valiosos que porta el vigilante porteador.

2.2 La protección de fondos, valores y objetos valiosos.

2.2.1 Distribución de la Instalación:

- **Zona de acceso.**
- **Zona de descarga.**
- **Precámara o Antecámara.**
- **Cámara acorazada.**
- **Zona de aparcamientos.**
- **Área de servicios (talleres).**
- **Oficinas.**

TECNICAS Y PROCEDIMIENTOS PROFESIONALES (I)

2.2.1.a Zona de aparcamientos:

- Detectores de presencia.
- Comunicación telefónica con la Oficina.
- Detectores de humo.
- Detectores de fuego.
- Extintores.
- Iluminación de emergencia
- Las llaves de los vehículos las depositará el Jefe de Tráfico en una caja fuerte.

2.2.1.b Área de Servicios:

- Escalón de mantenimientos de vehículos.

2.2.1.c Oficinas:

- Administración.
- Planificación.
- Comercial.
- Control de Servicios.
- Dirección.

2.2.1.d Zona de Descarga: Medios de protección y comunicación.

- Bloqueo de la exclusa para vehículos.
- Circuito Cerrado de Televisión (CCTV).
- Detectores de presencia de personas.
- Comunicación con la Antecámara.
- Detectores de humos.
- Detectores de fuego.
- Extintores de fuego.
- Luz de emergencia.

CARGA-DESCARGA DE FONDOS

2.3 Precámara (antecámara); Función de "Recuento y Clasificación" de fondos.

- **Medios de protección desplegados:**
    - Aire acondicionado.
    - Luz de emergencia.
    - CCTV con grabación 24 horas.
    - Detectores de fuego.
    - Medios de extinción de incendios.
    - Enlace telefónico con oficina.
    - Enlace con la Zona de Descarga.
    - Medios técnicos para ejecutar las labores.

2.3.1. Funciones de la Precámara (antecámara):

- **El personal está dirigido por el Jefe de Cámara.**

    - Conteo de efectivo.
    - Clasificación de monedas.
    - Preparación de remesas.
    - Recepción de envíos.
    - Almacenamientos de fondos en la cámara acorazada.

2.3.2 Cámaras Acorazadas.

- **Medidas de seguridad:**

Nadie accede solo, hay dos llaves, una del Jefe de Cámara y otra del Director.

- **Bloqueo de puertas programado;** Cierra las horas que no hay faena.

- **Sistema de detección electrónico;** Detecta ataque las 24 horas.

- **Detectores sísmicos y micrófonos;** Controlan techo, paredes y suelo.
- **Detectores volumétricos;** Ubicados en su interior.
- **Mirillas tipo "ojo de pez" o CCTV;** Conectado a volumétrico.
- **Conexión con una CRA.**

Orden INT/314/2011, de 1 de febrero; Sistema de seguridad de las empresas de depósito, art.7.

1. Las empresas que se constituyan para la actividad de depósito, custodia y tratamiento de monedas y billetes, títulos-valores y objetos valiosos o peligrosos, excepto explosivos, dispondrán en los locales en que se pretendan desarrollar dicha actividad, de un sistema de seguridad compuesto, como mínimo, por:

    a) Equipos o sistemas de captación y registro de imágenes, con capacidad para facilitar la identificación de los autores de delitos contra las personas y contra la propiedad, para la protección perimetral del inmueble, controles de acceso de personas y vehículos, y zonas de carga y descarga, recuento y clasificación, cámara acorazada, antecámara y pasillo de ronda de la cámara acorazada.

    b) Los soportes destinados a la grabación de imágenes deberán conservarse durante treinta días desde la fecha de grabación. Las imágenes estarán exclusivamente a disposición de las autoridades judiciales y de las Fuerzas y Cuerpos de Seguridad competentes. Cuando las imágenes se refieran a la comisión de hechos delictivos serán inmediatamente puestas a disposición de las Fuerzas y Cuerpos de Seguridad.

    c) El contenido de los soportes será estrictamente reservado. Las imágenes grabadas podrán ser utilizadas únicamente como medio de identificación de los autores de los hechos delictivos, debiendo ser inutilizados tanto los contenidos de los soportes como las imágenes, una vez transcurridos treinta días desde la grabación, salvo que hubiesen dispuesto lo contrario las autoridades judiciales o las Fuerzas y Cuerpos de Seguridad competentes.

d) Zona de carga y descarga, comunicada con el exterior mediante un sistema de puertas esclusas con dispositivo de apertura desde su interior.

e) Centro de control protegido por acristalamiento con blindaje antibala de categoría de resistencia BR4, según la Norma europea UNE-EN 1063.

f) Las paredes que delimiten o completen el referido centro deberán tener una categoría de resistencia II, **según la Norma UNE 108132.**

g) Zona de recuento y clasificación, con puerta esclusa para su acceso.

h) Generador o acumulador de energía, con autonomía para veinticuatro horas.

i) Dispositivo que produzca la transmisión de una alarma, en caso de desatención del responsable del centro de control durante un tiempo superior a diez minutos.

j) Conexión del sistema de seguridad con una central de alarmas por medio de dos vías de comunicación distintas, de forma que la inutilización de una de ellas produzca la transmisión de la señal de alarma por la otra, o bien una sola vía que permita la transmisión digital con supervisión permanente de la línea y una comunicación de respaldo (backup).

k) Instalación de una antena que permita la captación y la transmisión de las señales de los sistemas de seguridad.

2. Todos los dispositivos electrónicos del sistema de seguridad deberán ser de los clasificados de grado 4 en la Norma UNE 50131-1.

3. Las cámaras acorazadas de las empresas que se constituyan para la actividad de depósito, custodia y tratamiento de monedas y billetes, títulos-valores y objetos valiosos o peligrosos, excepto los explosivos, han de reunir las siguientes características:

a) Estarán delimitadas por una construcción de muros acorazados en paredes, techo y suelo, con acceso a su interior a través de puerta y trampón igualmente acorazado.

TECNICAS Y PROCEDIMIENTOS PROFESIONALES (I)

b) El muro estará rodeado en todo su perímetro lateral por un pasillo de ronda con una anchura máxima de sesenta centímetros, delimitado por un muro exterior de grado de seguridad 2, según la Norma UNE-EN 1143-1.

c) La cámara ha de estar construida en muros, puerta y trampón con materiales de alta resistencia y de forma que su grado de seguridad sea como mínimo de grado de seguridad 7, según la Norma UNE-EN 1143-1.

d) El muro estará rodeado en todo su perímetro lateral por un pasillo de ronda con una anchura máxima de sesenta centímetros, delimitado por un muro exterior de grado de seguridad 2, según la Norma UNE-EN1143-1.

e) La cámara ha de estar construida en muros, puerta y trampón con materiales de alta resistencia y de forma que su grado de seguridad sea como mínimo de grado de seguridad 7, según la Norma UNE-EN 1143-1.

f) La cámara estará dotada de detección sísmica, detección microfónica u otros dispositivos que permitan detectar cualquier ataque a través de paredes, techo o suelo y de detección volumétrica en su interior. Todos estos elementos conectados al sistema de seguridad deberán transmitir la señal de alarma por dos vías de comunicación distintas, de forma que la inutilización de una de ellas produzca la transmisión de la señal de alarma por la otra, o bien una sola vía que permita la transmisión digital con supervisión permanente de la línea y una comunicación de respaldo (backup).

2.4 Funciones de los vigilantes de seguridad de transportes de fondos.

Antes de salir de la empresa para realizar el servicio, el jefe de equipo y el jefe de servicios de esta área elaboraran conjuntamente los itinerarios principales y alternativos.

El transporte de fondos exige una concienzuda planificación en la que nada puede dejarse al azar. El que muchas veces se haya realizado un mismo servicio sin que se produjeran imprevistos no significa que en el próximo no puedan aparecer, incluso muy graves.

2.4.1 Funciones específicas y Reglas generales del servicio en las diferentes fases.

- Antes de entrar de servicio.
- Al iniciar el servicio.
- Durante el servicio.
- Después del servicio.

2.4.2 Antes (de iniciar el servicio):

Medidas preventivas de traslado de fondos

- **Comprobar el estado del vehículo.**

    Antes de comenzar el servicio se deberá comprobar el correcto estado de funcionamiento del vehículo. (revisión diaria).

    - Motor.
    - Ruedas.
    - Batería.
    - Combustible.
    - Puertas.
    - Troneras.

- **Verificar el estado del material en dotación:**

    También es necesario verificar diariamente el correcto estado de funcionamiento de los medios de dotación.

    - **Escopeta.**
    - **Revólveres.**
    - **Emisora de radio del vehículo.**
    - **Intercomunicador.**
        o Máscaras antigás.
        o Extintores.

TECNICAS Y PROCEDIMIENTOS PROFESIONALES (I)

2.4.3 Medidas al iniciar el servicio.

Hay que tener siempre presente:

- Tenerlo todo planificado.
- No confiar en la improvisación.
- Llevar bloqueadas las puertas externas del blindado.
- No abrir nunca la puerta corredera y la externa a la vez.
- No llevar dentro del furgón:
    - **Productos inflamables.**
    - **Combustible de repuesto.**
    - **Bebidas alcohólicas**
    - **Personal ajeno a la dotación.**
- Comprobar que todos los sistemas de seguridad funcionan cerramientos electrónicos o mecánicos en puertas, depósito; alarma, depósito de combustible, etc.).

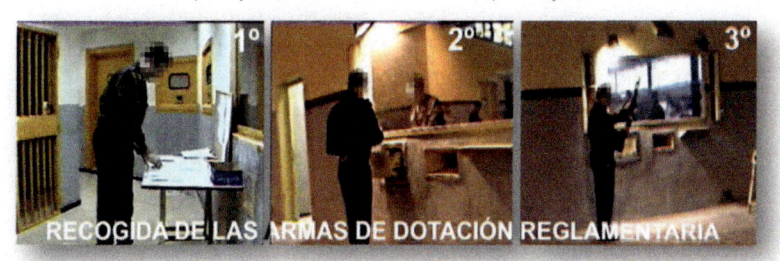

RECOGIDA DE LAS ARMAS DE DOTACIÓN REGLAMENTARIA

- ## La tripulación se reunirá para:
    - Estudiar el recorrido, en la hoja de ruta.
    - Situación de itinerarios principales y alternativos.
    - Planificar entregas, con objeto de realizarla en el menos tiempo posible.
    - Analizar puntos que puedan suponer problemas e informar de ello a los superiores.
    - Condiciones de los lugares de maniobras.
    - Posibles soluciones de conflictos.
    - Estado de los medios a utilizar.
    - Firmar la hoja de ruta.

Hay que tenerlo todo planificado, nunca confiar en la improvisación, llevar bloqueadas las puertas exteriores, no abrir nunca la puerta corredera y la exterior al mismo tiempo, no llevar dentro del vehículo productos inflamables, combustibles o personas ajenas a la dotación.

• El Vigilante Conductor revisara:

- Que el blindado se encuentre en perfectas condiciones para la prestación del servicio.
- Llevar la cartilla de revisiones al día.
- Comprobar los sistemas de comunicaciones.

• Los Vigilantes Porteador y Escolta:

- Comprobara con la hoja de servicio el transporta a realizar, que las sacas van debidamente precintadas y selladas.
- Comprobar y verificar las armas y municiones. (Esto lo debe hacer cada miembro de la tripulación.)
- Revisar las troneras, cerrojos, exterior del blindado, mascaras antigases, etc.

2.4.4 Durante el servicio.

- **Fases del servicio:**
    - **Aproximación.**
    - **Recogida o entrega.**
    - **Traslado de fondos.**

TECNICAS Y PROCEDIMIENTOS PROFESIONALES (I)

- **Aproximación**:

El recorrido de transporte se deberá hacer por la ruta mas rápida, y durante el se prestará la máxima atención a posibles requerimientos por parte de otros vehículos.

- o Estudiar la zona, y aparcar lo más próximo posible a la entrada
- o Si es preciso se bloquea la calle durante la maniobra
- o Si es imposible aparcar delante, se pedirá ayuda al cliente y/o a la Policía Local.

Esta aproximación se divide en tres fases:

▶ **Maniobra de acercamiento:**

Cuando se produzca la aproximación; la dotación deberá de hacer una evaluación de la situación, comprobando las siguientes opciones:

- Algún coche furgoneta, camión, etc. aparcado en doble fila, o de manera que dificulte la salida del vehículo blindado.

- Alguna señal de tráfico inhabitual que impida el aparcamiento.

- Obras en la calle.

▶ **Aparcamiento:**

La detención del vehículo se hará ante la entidad-cliente de modo que permita una huida fácil en caso de peligro y que pueda interceptar cualquier vehículo utilizado como apoyo para la perpetración de algún acto delictivo contra dicha entidad.

El vehículo deberá siempre aparcar de modo que su conductor; sin moverse de su asiento, pueda cubrir en todo momento directamente con la vista cada uno de los puntos del trayecto que realicen sus compañeros desde el vehículo hasta la puerta de la entidad cliente. Sin embargo, si no se puede aparcar, se estacionará donde el conductor, aunque se mueva del asiento, pero sin salir del vehículo controle visualmente a sus compañeros.

Si la calle es estrecha y hay coches aparcados a las dos aceras, se interrumpirá el tráfico por el tiempo que dure la descarga. Si no existiera la posibilidad de estacionar para realizar la carga o descarga, el jefe de equipo se bajará del blindado y comunicará la imposibilidad de realizar la carga o descarga; y pedirá la ayuda de algún empleado para realizarla con la seguridad y cobertura suficiente.

> **Espera:**

Una vez aparcado el vehículo, la función única y primordial del conductor consistirá en la vigilancia visual continua de los alrededores durante toda la operación de carga y descarga y con el motor en marcha.

- ## Recogida de fondos.
  - El **tercer vigilante (conductor)** parará el vehículo, lo más cerca posible del lugar de recogida, desde donde observará la zona y si no detecta nada sospechoso, y usando el radio transmisor portátil, lo comunicará mediante un código al resto de la tripulación permaneciendo siempre con el motor en marcha y dentro del vehículo.

  - El **primer vigilante (escolta)** tras dar el "recibido", se apeará del vehículo y se colocará a unos metros de él, en posición de prevenido, pero con el arma enfundada, para proteger la salida de su compañero, al que avisará mediante el código correspondiente usando su radiotransmisor portátil.

  - El **segundo vigilante (porteador)** descenderá del vehículo con el arma en las mismas condiciones y cuando llegué a la altura del **primer vigilante (escolta)**, este entrará en la entidad e inspeccionará su interior, posteriormente saldrá y comunicará al segundo vigilante que puede entrar, al tiempo que se situará en un lugar dentro de la entidad que le permita dominar el recorrido de su compañero sin perder de vista al conductor del vehículo.

  - El **segundo vigilante (porteador)** recogerá los fondos y, una vez firmado el correspondiente justificante, y tras informar con el código establecido, se dirigirá a la puerta de salida de la entidad, donde, sin traspasarla, se colocará a un lado con la espalda en la pared, en posición de prevenido.

  - El **primer vigilante (escolta)** saldrá de la entidad y se colocará a unos dos metros y a un lado de la puerta, observando la situación en el exterior. Si no aprecia ninguna anomalía, lo comunicará con el código previsto, si el vigilante tercero(conductor) tampoco aprecia ninguna

TECNICAS Y PROCEDIMIENTOS PROFESIONALES (I)

anomalía, lo comunicará con el código de seguridad establecido al efecto.

- Oído el código, el **segundo vigilante (porteador)** saldrá de la entidad y se dirigirá al vehículo blindado, haciéndose ver por el vigilante conductor, el cual quitará el seguro de la puerta, instantes antes de que el vigilante porteador, suba al vehículo con los efectos recogidos, cerrando inmediatamente la puerta del blindado.

- Acto seguido, el **vigilante escolta**, se coloca junto al vehículo, de espalda a la puerta de acceso y prestando atención a la zona alrededor el blindado, mientras esté abierta la puerta corredera interior. Una vez protegidos los efectos recogidos, el **vigilante conductor**, quita el seguro de la puerta y comunica al vigilante escolta para que entre en el vehículo.

o **Entrega de fondos:**

- El **tercer vigilante (conductor)** parará el vehículo, lo más cerca posible del lugar de entrega, desde donde observará la zona y si no detecta nada sospechoso, usando el radiotransmisor portátil, lo comunicará mediante un código al resto de la tripulación permaneciendo siempre con el motor en marcha y dentro del vehículo.

- A continuación, el **vigilante escolta** se bajará del vehículo blindado y se colocará a unos metros de él, con el arma enfundada en situación de prevenido, para proteger la salida del **vigilante porteador**.

- Posteriormente el **vigilante escolta** entrara, en la entidad e inspeccionara su interior y cuando haya comprobado que todo está correcto, saldrá de la entidad y lo comunicará a la tripulación usando el código acordado, colocándose en un lugar que le permita dominar el recorrido del vigilante porteador sin perder de vista el conductor del vehículo.

- Tras dar el "recibido", el **vigilante porteador** descenderá del vehículo con el arma enfundada y entrará en la entidad donde entregará los fondos y, una vez firmado el correspondiente justificante, se dirigirá a la puerta de salida de la entidad, donde, sin traspasarla, se colocará a un lado con la espalda en la pared.

- El **primer vigilante (escolta)** se dirigirá al blindado colocándose de junto al vehículo de espaldas a la puerta de acceso, observando la zona, y comunicará al vigilante porteador puede entrar en el vehículo blindado.

- Cuando el **vigilante porteador** está cerca del blindado, el **vigilante conductor** quita el seguro de la puerta de acceso, el **vigilante escolta** abre la puerta, y acceden al vehículo los vigilantes porteador y escolta, por ese orden, cerrando rápidamente la puesta que da acceso a la zona central del blindado.

2.4.5 Al finalizar el servicio.

Fases de SALIDA y ENTRADA en la base del servicio de traslado de fondos

- **Aproximación a la Base;** Comunicación por radio, antes de llegar.

- **Apertura de puerta exterior:** Tras pasar la primera "puerta esclusa", Entrada de vehículo y tripulación, cierre de la

TECNICAS Y PROCEDIMIENTOS PROFESIONALES (I)

puerta exterior, identificación y apertura de la segunda puerta.

- **Paso del vehículo al Área de Descarga;** Comunicar llegada por interfono con la antecámara y cierre de puerta interior.
- **Apertura compuerta de sacos de la Precámara**:
  - Entrega de sacas, justificantes, documentación, etc.
  - Jefe de Cámara anota la operativa;
  - El conductor: aparcará el blindado, anotará la "Hoja de Ruta" y dará novedades al Jefe de Trafico.

Controlar siempre a los vehículos de alrededor.

Aproximarse a los objetivos despacio y observando.

Si se detecta un peligro, avisar al compañero, buscar refugio y que el conductor huya.

Se protegerán mutuamente, y mantendrán una distancia superior a los 6 metros.

El arma la llevarán en modo "prevención".

Si el ataque es inminente, desenfundarán, avisarán con sus silbatos y su radio transmisor, al tiempo que buscarán posición segura, hasta la llegada de las FFCCS.

2.5 Medios materiales y técnicos para el desarrollo del servicio.

2.5.1 Distintivos del vehículo blindado:

- Los vehículos llevarán **número único e identificativo** que, en adhesivo o pintura reflectante, se colocara en el techo y puertas laterales y posteriores del mismo, de tamaño suficiente para ser visibles a larga distancia.
- **Cartilla o certificado de idoneidad** del vehículo (constara matrícula, número de motor y bastidor, etc.) esta cartilla deberá estar depositada en la sede o delegación de la empresa donde el blindado tenga su base.
- **Cartilla de control del vehículo** (revisiones que serán trimestrales, nombre de la Empresa, número y matrícula del vehículo, número de motor y bastidor, así como los elementos objeto de revisión, tales como: Equipos de comunicación, alarmas, puertas, trampones, etc.). La cartilla se custodiará en el propio vehículo
- Cuando los fondos y valores **no excedan de 250.000 euros**, o de 125.000 si el transporte se efectuase de forma regular y con periodicidad inferior a los seis días, el transporte podrá ser realizado por un vigilante de seguridad, dotado como mínimo con un arma corta reglamentaria y en vehículo,

TECNICAS Y PROCEDIMIENTOS PROFESIONALES (I)

blindado o no de la empresa de seguridad autorizada.

- Si las cantidades no exceden de 125.000 euros y son en moneda metálica se podrá hacer de la misma manera que en el apartado anterior.

- Cuando el valor de lo transportado exceda de las cantidades determinadas en el apartado anterior; el transporte habrá de realizarse obligatoriamente por las empresas de seguridad autorizadas para esta actividad de transporte, en vehículos blindados con los requisitos del articulo 10 (tres vigilantes de seguridad; un conductor, jefe de equipo y un vigilante de protección).

- Cuando lo transportado **exceda de 5000.000 euros; tendremos que estar comunicados con las Fuerzas y Cuerpos de Seguridad y avisarle del itinerario a realizar por el furgón blindado**.

-

2.5.2 Características generales:

- Distribución en **tres compartimentos**, con independencia del destinado a motor, separados entre sí.

- **Blindaje** en cristales, paredes, techos y suelo.

- Provisto de **radio**.

- **Cerrojos** eléctricos o mecánicos en puertas, depósito de combustible y acceso al motor.

- **Sistema de alarma** con campana acústica que se activará en caso de atraco o entrada en el vehículo.

- **Sistema de extinción** de incendios.

- **Troneras giratorias** en las partes laterales y posteriores del vehículo.

VEHÍCULO BLINDADO: TRES COMPARTIMENTOS AISLADOS

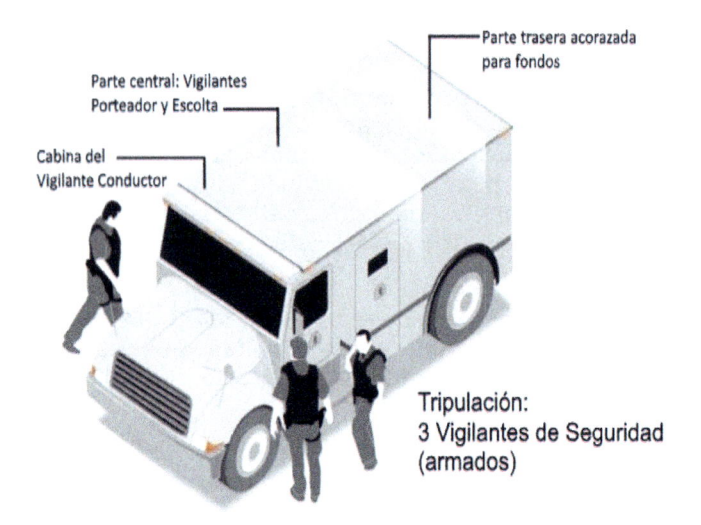

- Parte trasera acorazada para fondos
- Parte central: Vigilantes Porteador y Escolta
- Cabina del Vigilante Conductor
- Tripulación: 3 Vigilantes de Seguridad (armados)

2.5.3 División del vehículo en tres compartimientos.

- **1º Compartimiento delantero:**

En el que se situará únicamente el vigilante conductor, con la puerta izquierda para su acceso, y la derecha que sólo podrá abrirse desde el interior, y separado del compartimiento central por una mampara blindada sin acceso.

La llave que permita la apertura del dispositivo del seguro interior de la puerta del conductor **quedará depositada en la sede** o delegación de la Empresa donde el vehículo blindado preste servicio.

TECNICAS Y PROCEDIMIENTOS PROFESIONALES (I)

- **2º compartimiento central:**

En el que viajarán los V.S. de seguridad, con una puerta a cada lado.

Estará separado del compartimiento posterior por una mampara blindada que dispondrá de una puerta blindada de acceso a **la Zona de Carga de reparto, con sistema de apertura esclusa**, con las laterales del vehículo, **de forma que no puedan estar abiertas simultáneamente.**

En la Zona de la mampara central, que delimita el compartimiento donde viajan los VS., con la zona de recogida, se instará un sistema o mecanismo que permita la introducción de objetos e impida su sustracción, dotándola de una puerta blindada que sólo se podrá abrir en la base de la Empresa de Seguridad.

- **3º Compartimiento posterior:**

Destinado a la carga, estará a su vez dividido en dos Zonas:

-la de **Reparto** y

-la de **Recogida**,

Separadas por una mampara blindada. El compartimiento posterior podrá disponer de una puerta exterior en la parte trasera del vehículo, con una o dos hojas blindadas y con cerradura de seguridad, que se **abrirá solamente en las Zonas de Esclusas de máxima seguridad donde pueda acceder el vehículo.**

La llave de la puerta mencionada en el párrafo anterior estará siempre depositada en la sede o delegación de la Empresa donde el vehículo preste sus servicios.

2.5.4 Los blindajes del vehículo

Los blindajes del vehículo serán, según la norma Europea UNE EN 1063.

- Perímetro exterior del compartimiento delantero central y mampara: A-30.
- Perímetro exterior del compartimiento posterior y suelo del vehículo: A-10.
- Mampara de separación entre los compartimientos central y posterior: A-20.
- Mampara de separación en las Zonas de carga: A-10.

Además, el vehículo debe de contar, con:

- Troneras distribuidas en las partes laterales y posteriores del vehículo.
- Dispositivo que permita la localización permanente del vehículo (tipo GPS) desde las sedes o delegaciones de la Empresa, mediante sistema de comunicación vía radio y por telefonía móvil celular, que permita la conexión de los miembros de la tripulación con la Empresa, así como la de los V.S. con el conductor.
- Instalación de una antena exterior, al objeto de transmitir y recibir cualquier comunicación por medio del equipo de telefonía móvil celular.

- Cerramientos electrónicos o mecánicos en puertas, depósito de combustible, acceso al motor, y que sólo se pueda accionar desde el interior del vehículo.

TECNICAS Y PROCEDIMIENTOS PROFESIONALES (I)

- Sistema de alarma con dispositivo acústico, que se pueda activar en caso de atraco o entrada de personas extrañas al vehículo (no autorizadas).

- El depósito de combustible deberá contar con una protección suficiente para impedir que se produzca una explosión de este, en el caso de que se viera alcanzado por un proyectil o fragmento de explosión, así como para evitar la reacción en cadena del combustible ubicado en el depósito, en caso de incendio del vehículo

- Protección contra la obstrucción en el extremo de salida de humos del motor.

- Sistemas de aire acondicionado, detección y extinción de incendios. Máscaras antigases.

2.5.5 Medios de comunicación:

- Además, el servicio de transporte de fondos deberá contar con un sistema de comunicación apropiados que permitan contactar, en cualquier momento, con la empresa y con las autoridades competentes, así como la intercomunicación de los vigilantes de seguridad de transporte y protección con el conductor del vehículo.

- Tradicionalmente los vehículos cuentan con una emisora móvil de radio en la cabina del conductor, la cual se encuentra enlazada con la empresa de seguridad permanentemente, desde el comienzo hasta finalizar el servicio.

- Los vehículos también cuentan con un intercomunicador entre cabina del conductor y parte central del blindado.

- En el exterior del vehículo blindado habrá una antena, al objeto de transmitir y recibir cualquier información por medio de los equipos de telefonía móvil.

- Hoy en día todos los miembros de la tripulación de un blindado portan radios-transmisores portátiles, al objeto de mantener una comunicación eficiente entre ellos.

2.5.6 Técnicas de conducción.

2.5.6.a Conducción Ofensiva defensiva desde el interior del vehículo:

La técnica de conducción defensiva radica en escapar lo más rápidamente; que se pueda de la agresión. Para realizarlo con seguridad es positivo para el conductor realizar cursos de conducción evasiva, para especializarse en este tipo de circunstancias.

> La conducción defensiva tiene por objeto evitar el posible ataque al vehículo, sorteando cualquier intento de obstrucción provocado por un automóvil o cualquier otro obstáculo, colocado en su trayectoria.

Utilizarán el vehículo contra los agresores para neutralizar su acción, por ello deben tener gran dominio del vehículo, conocer las posibilidades de este, tener serenidad y audacia, reaccionando adecuadamente.

El vehículo blindado, debido a su peso se convierte en un arma ofensiva, puesto que lanzado contra los coches que intenten cerrar el paso situándose en la ruta del blindado, puede hacer fracasar el intento de pararlo; para ello el conductor debe de tratar de golpear

TECNICAS Y PROCEDIMIENTOS PROFESIONALES (I)

al coche que forme la barricada en los puntos más débiles:

- Disminuir la velocidad y valorar la situación

- Pasar a marcha corta, frenar a unos veinte metros para seleccionar el punto de impacto, y dar la sensación de detenerse y,

- Tras poner una velocidad corta, acelerar a fondo y **embestir contra el punto seleccionado, huir rápidamente**

- Golpear en los extremos del otro vehículo con lo que se conseguirá desplazarlo.

- No realizar esta maniobra con obstáculos más pesados que el blindado.

- Impactar sobre un extremo, para originar desplazamiento del obstáculo.

- Si disparan, poner el vehículo en oblicuo, ya que así tiene mayor resistencia el blindado.

- En el caso de que disparen contra el vehículo blindado debe procurar el conductor situarse lo más oblicuo posible al punto donde se dispara, con lo cual el ángulo que ofrece el blindado al impacto es menor y la resistencia del blindaje mayor.

En caso de que se produzca esta circunstancia el vehículo goza de troneras, para repeler la posible agresión.

Hay que tratar de evitar las técnicas ofensivas fuera del vehículo, pues es lo que esperan los delincuentes y pone en peligro sus vidas y la de los inocentes, por ello sólo vamos a estudiar las técnicas ofensivas dentro del vehículo.

Si es atacado en zona urbana, debe proseguir hasta locales de FF.CC.S., haciendo sonar las sirenas y las señales ópticas.

Acelerar alejándose de los atacantes, pero no olvide que un exceso de velocidad puede provocar un accidente.

Si cuando se produce el ataque, se encuentra en zona interurbana despoblada, hay que llegar a zonas pobladas, aunque sea desviándose del recorrido habitual y buscando apoyo policial.

Si advertimos bloqueo frontal de la vía, el personal debe prepararse para hacer uso de las armas, teniendo cuidado para no golpearse por las maniobras bruscas del vehículo al intentar evadirse.

2.5.6.b Partes más sensibles del vehículo:

La finalidad de los ataques en ruta es la de lograr la detención del blindado, por ello debemos conocer los posibles ataques que pueden sufrir y tener presente cuales son las partes más sensibles del vehículo:

- La **dirección**
- **Ruedas motrices**
- **Cabina de conducción**
- **Neumáticos**

2.5.6.c Armas del vehículo:

Los elementos de ataque y defensa más efectivos de un blindado son:

Parachoques **Costados de carrocería** **Trasera**

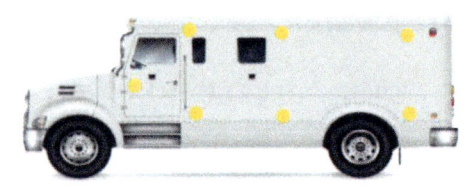

Peso del vehículo

El conductor debe tener en cuenta que el vehículo, aun cuando tenga reventado los neumáticos y la carrocería destrozada, siempre que conserve la dirección y los elementos motrices en buen estado, puede moverse.

2.5.6.d Maniobras de escape:

A continuación, se describen las maniobras de escape más características que son:

- Maniobra en "Y".
- Maniobra vuelta corta.
- Maniobra California.

- **Maniobra en "Y":**

Se trata de efectuar un giro de 180 grados en la calzada, al objeto de evitar barricadas, con esta maniobra de escape, aunque es la más sencilla de llevar a cabo, tiene el inconveniente de ser muy lenta, por lo que es poco aconsejable en caso de ataque. Es la apropiada para calles o carreteras estrechas, con las siguientes maniobras:

Primero se ajustará el vehículo a la derecha de la calzada, disminuyendo la velocidad y procediendo a girar todo el volante hasta llegar al lado izquierdo de la calzada.

A continuación, se introducirá la marcha atrás al mismo tiempo que se gira el volante de izquierda a derecha en su totalidad **y se retrocede** hasta el límite de la calzada.

Seguidamente se introduce la primera velocidad simultáneamente al giro del volante de derecha a izquierda, **arrancando y consiguiendo invertir** totalmente el sentido de la marcha.

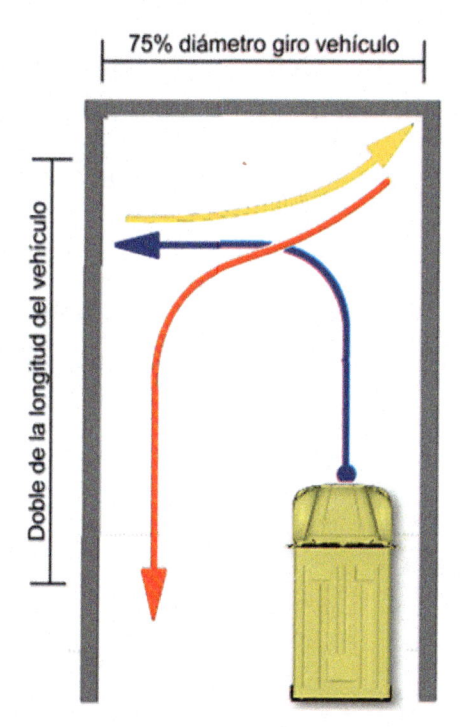

- Maniobra "vuelta corta":

Lo mismo que la anterior, tiene por objeto dar un giro completo al sentido de la marcha en un breve espacio de tiempo, al objeto de alejarse de una barricada o un grupo que se prepare para el ataque.

Su operativa es la siguiente:

Se reduce la velocidad hasta detener completamente el vehículo, a continuación, se introduce la marcha atrás hasta alcanzar un grado elevado de aceleración; cuando se ha conseguido la aceleración se gira bruscamente el volante a la derecha o a la izquierda según el margen de terreno que exista a cada lado del vehículo, con ello se conseguirá un derrape delantero que invertirá el sentido de la marcha del vehículo.

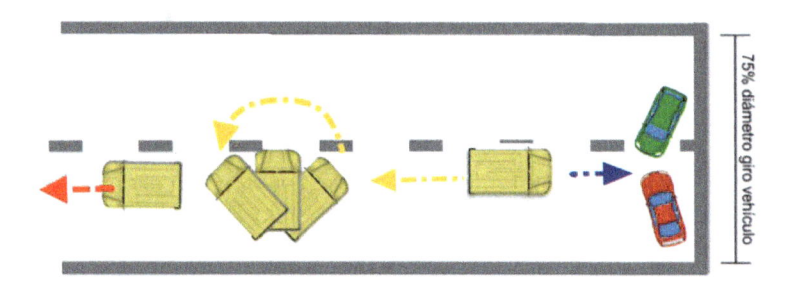

- Maniobra "California" o derrape:

Se trata de conseguir un giro de 180 grados en el sentido de la marcha del vehículo a fin de evitar una barricada o para alejarse de un ataque que se observa en el frontal de la calzada. Para ello habrá de efectuar las siguientes operaciones:

Disminuirá la velocidad (hasta los 40 km/H) en atención al estado y la humedad de la calzada; a continuación, se girará el volante a la izquierda, simultáneamente con la utilización del freno de mano, con ello se consigue un derrape trasero que hace invertir al vehículo el sentido de la marcha. Cuando se haya conseguido ese efecto, se introduce la primera velocidad y se arranca, dejando atrás el peligro detectado. Esta es la maniobra de evasión o de conducción defensiva más rápida y aconsejable.

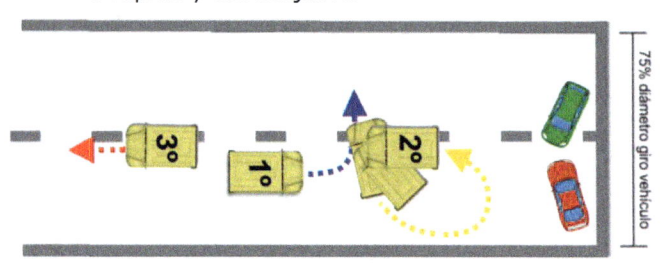

TECNICAS Y PROCEDIMIENTOS PROFESIONALES (I)

2.5.7 Técnicas de conducción ofensiva:

La conducción ofensiva puede realizarse ante un **obstáculo fijo o frente a vehículos en movimiento.**

2.5.7.a Frente a un obstáculo fijo:

Hay que tratar de evitar las técnicas ofensivas fuera del vehículo, pues es lo que esperan los delincuentes y pone en peligro sus vidas y la de los inocentes, por ello sólo vamos a estudiar las técnicas ofensivas dentro del vehículo.

Utilizarán el vehículo contra los agresores para neutralizar su acción, por ello deben tener gran dominio del vehículo, conocer las posibilidades de este, tener serenidad y audacia, reaccionando adecuadamente.

La mejor manera de atacar es utilizar adecuadamente el propio vehículo, ya que su gran solidez imposibilita el éxito de los delincuentes.

La forma de actuar será la siguiente:

- Disminuir la velocidad para poder hacerse cargo de la situación.

- Poner la palanca de cambio, a una velocidad corta, para aprovechar la máxima potencia del motor.

- Frenar bruscamente a unos 25 metros del obstáculo para seleccionar el punto de impacto y dar la impresión de que se va a detener el vehículo.

- Huir lo más rápidamente posible para evitar la reacción de los asaltantes.

- No realizar esta maniobra con obstáculos más pesados que el blindado.

- No colisionar nunca con la parte central del obstáculo, a no ser que tenga poco peso.

- Impactar sobre un extremo, para originar desplazamiento del obstáculo.

- No golpear con la parte frontal del blindado, utilizar los ángulos.

- Si disparan, poner el vehículo en oblicuo, ya que así tiene mayor resistencia el blindado.

2.5.7.b Vehículo en movimiento, los CIERRES:

Cuando la agresión cierra el paso del vehículo blindado, cuando este se desplaza, recibe el nombre de cierre; estos cierres pueden ser simple (cuando lo realiza un vehículo) o doble cuando lo realizan dos o más vehículos.

- **Tipos más frecuentes de cierre:**

- **Cierre en paréntesis:**

    Participan dos vehículos agresores. Uno se coloca delante del furgón y el otro detrás obstaculizando su salida.

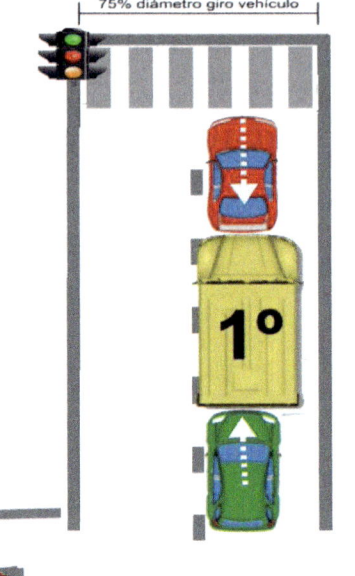

- **Cierre del novato:**

    Participa un solo vehículo agresor. Este cierre tiene lugar en la proximidad de una curva a la derecha en la que el vehículo agresor cierra al coche agredido. Este cierre solo puede dar resultado si el conductor del furgón es inexperto.

TECNICAS Y PROCEDIMIENTOS PROFESIONALES (I)

- **Cierre del Tupamaro:**

Participan tres vehículos agresores, de la siguiente forma: Uno adelanta al coche del VIP y se pone delante cerrándole la marcha, el otro se le coloca detrás, impidiéndole retroceder y un tercero se coloca en paralelo al coche del VIP y desde esa posición ayuda a los otros dos a secuestrar a la personalidad.

- **Cierre con persecución:**

Este cierre se realiza con dos vehículos que se acercan al automóvil agredido, haciéndole la cuña de modo que no pueda cambiar de sentido ni frenar ni dar marcha atrás.

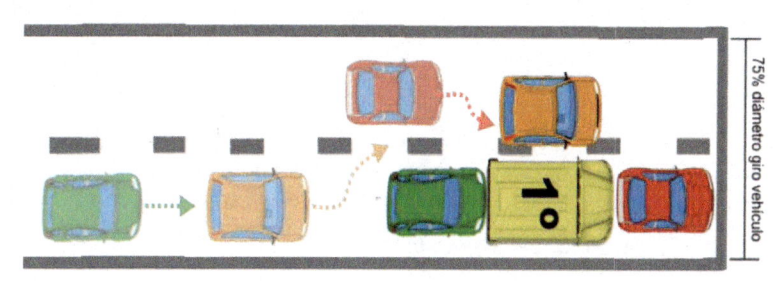

2.6 Armamento:

2.6.1 Artículo 6º Porte de armas.

1. El personal de seguridad encargado del transporte de fondos deberá cumplir la legislación del Estado miembro de origen, del Estado miembro de tránsito y del Estado miembro de acogida en lo que respecta al porte de armas y al calibre máximo permitido.

2. Al entrar en el territorio de un Estado miembro cuya legislación no permita que el personal de seguridad encargado del

transporte de fondos vaya armado, todas las armas que posea el personal de seguridad encargado del transporte de fondos deberán guardarse en una caja fuerte situada en el interior del vehículo que cumpla la norma europea EN 1143- 1. Dichas armas deberán mantenerse inaccesibles para el personal de seguridad encargado del transporte de fondos durante el viaje a través del territorio del Estado miembro en cuestión. Podrán retirarse de la caja fuerte al llegar al territorio de un Estado miembro cuya legislación permita que el personal de seguridad encargado del transporte de fondos vaya armado y deberán retirarse de la caja fuerte al llegar al territorio de un Estado miembro cuya legislación obligue a este personal ir armado.

La apertura de la caja fuerte con las armas deberá requerir la intervención a distancia del centro de control del vehículo y estará supeditada a la verificación, por parte de dicho centro, de la situación geográfica exacta del vehículo. Los requisitos establecidos en el párrafo primero se aplicarán también en caso de que el tipo o el calibre del arma no estén autorizados con arreglo a la legislación del Estado miembro de tránsito o del Estado miembro de acogida.

3. Cuando un vehículo de transporte de fondos cuyo Estado miembro de origen no permita que el personal de seguridad encargado del transporte de fondos vaya armado entre en el territorio de un Estado miembro cuya legislación obligue a este personal a ir armado, la empresa de transporte de fondos se asegurará de que los miembros del personal de seguridad encargado del

CENSO

Tipo de licencia		Tipo de arma
Para uso en campos y polígonos de tiro	F	Largas / Cortas
Tiro deportivo y escopetas de caza normal	E	Carabinas / Escopetas / Ballestas
Rifles de caza mayor	D	Largas
Vigilantes de seguridad	C	Largas / Cortas
Defensa personal	B	Cortas
Seguridad **	A	Cortas
Coleccionista de réplica	LR	Largas / Cortas
Coleccionista	L	Largas / Cortas

* Se legalizan a nombre de las empresas de seguridad.
** Seguridad privada, escoltas, guardas rurales y policías autónomicas. No se incluyen en el total.

TECNICAS Y PROCEDIMIENTOS PROFESIONALES (I)

transporte de fondos ocupantes del vehículo disponen de las armas requeridas y cumplen los requisitos mínimos de formación del Estado miembro de acogida.

4. El personal de seguridad encargado del transporte de fondos que vaya armado o viaje en un vehículo de transporte de fondos con armas a bordo deberá tener una licencia de armas profesional o una autorización ex- pedida por las autoridades nacionales de los Estados miembros de tránsito o del Estado miembro de acogida, si dichos Estados miembros permiten que el personal de seguridad encargado del transporte de fondos vaya armado, y deberá cumplir todos los requisitos nacionales para poder obtener dicha licencia profesional de armas o autorización.

A este fin, los Estados miembros podrán reconocer la licencia profesional de armas o autorización del otro Estado miembro.

2.6.1.a clases de armas autorizadas:

- **Revolver calibre 38, 4 pulgada.**
- **Escopeta de repetición, calibre 12/70.**

2.6.2. Características de las armas autorizadas:

Revolver

El arma reglamentaria de los vigilantes de seguridad y su especialidad de vigilantes de explosivos, en los servicios que hayan de prestarse con armas, será el **revólver calibre 38 especial de cuatro pulgadas**.

2.6.2.a Revolver 4" Cal. 38 Spl

Se conocen bajo ésta denominación a las armas de fuego cortas que emplean un sistema de repetición de acción manual y recámaras múltiples.

Lo que lo convierte en un arma corta semiautomática.

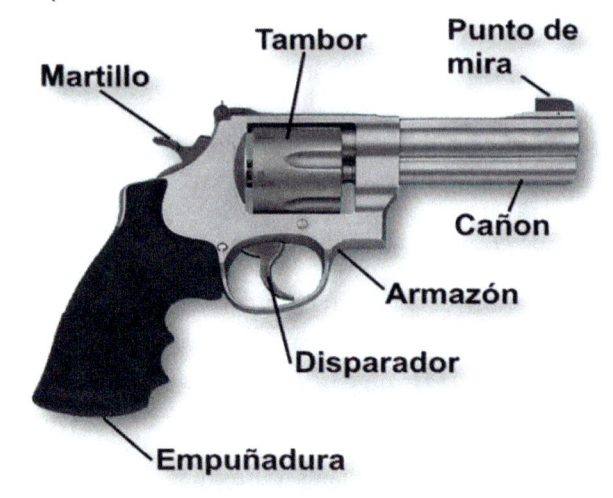

Para abordar el estudio del revólver, lo podemos dividir en tres partes fundamentales:

- ▶ **Cañón.**
- ▶ **Cilindro.**
- ▶ **Armazón.**

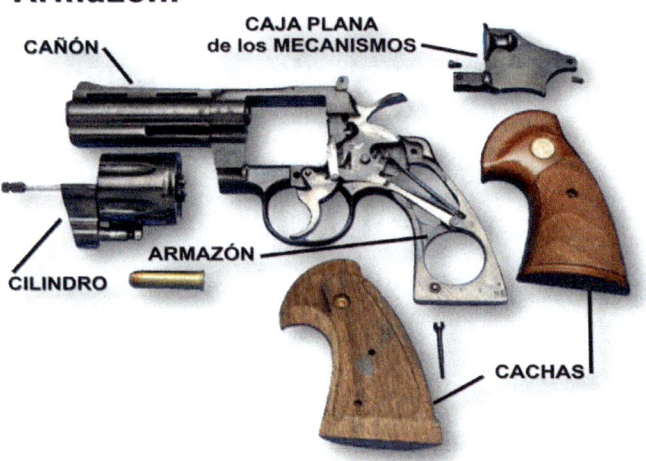

TECNICAS Y PROCEDIMIENTOS PROFESIONALES (I)

▸ La armazón o armadura.

Es la parte fundamental que reúne los distintos mecanismos del arma y que además sirve para empuñarla.

Dentro de ella podemos distinguir las siguientes partes:

- Empuñadura, junto con las cachas del arma.
- Ventana del cilindro.
    - Caja plana del mecanismo.
    - Arco guardamonte

▸ El cañón.

Es la parte del arma por donde discurre el proyectil en el momento del disparo. Está enfrentado con la recámara superior del tambor o cilindro. El ánima del cañón tiene una serie de estrías, que dan un sentido de giro al proyectil cuando se desplaza por el mismo, las cuales comienzan a los pocos milímetros del extremo posterior del cañón. Estos milímetros de cañón están ligeramente ensanchados con respecto al resto de este, para que el proyectil al desprenderse de la vaina y tomar las estrías en el cañón, no lo haga de forma brusca ya que esta especie de embudo facilita la entrada de la bala.

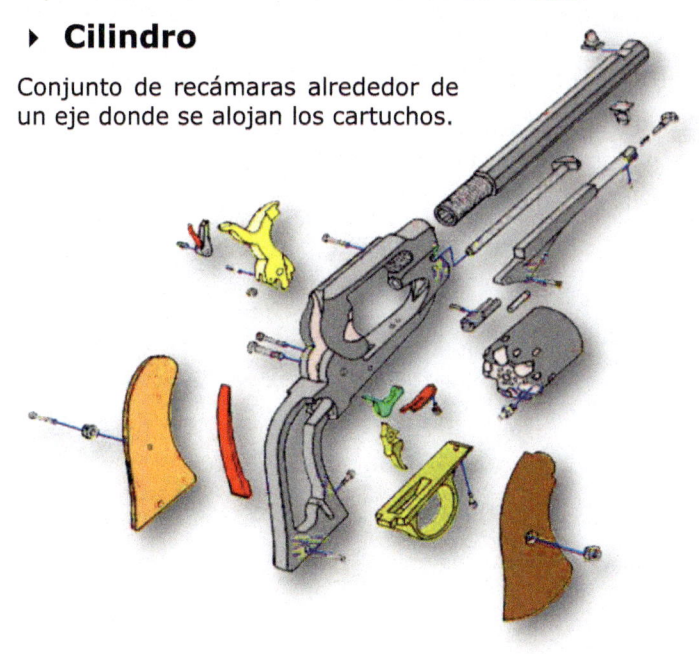

▸ Cilindro

Conjunto de recámaras alrededor de un eje donde se alojan los cartuchos.

Existen diferentes sistemas o mecanismos.

▸ Mecanismo de apertura y cierre.

Permite al tirador acceder a las distintas recámaras del cilindro para introducir los cartuchos en las mismas y cerrarlo firmemente para impedir que se abra accidentalmente con el disparo.

▸ Mecanismo de disparo y percusión.
▸ Mecanismo de alimentación.
▸ Sistemas de seguridad.

Todos los revólveres disponen de sistemas de seguridad, bien manuales, bien automáticos, siendo estos últimos los mas habituales.

Se entiende por seguro manual el que actúa dependiendo de la voluntad del tirador, y automático, todo lo contrario.

▸ Seguros.

El riesgo que se corre con el revólver es que cuando está totalmente cargado siempre tiene un cartucho enfrentado a la aguja percutora, por lo que un golpe o caída podría originar la percusión. Para evitar este riesgo, los revólveres emplean diversos seguros, de los que los más conocidos son:

○ **Seguro de interposición de masas.**

Consiste en interponer una o varias masas metálicas entre el martillo y el yunque de la aguja percutora. Mientras se efectúa el disparo, el seguro está desconectado, ya que va unido a la corredera, y al soltar el disparador hacia la posición de reposo, el seguro vuelve a interponerse ante el martillo.

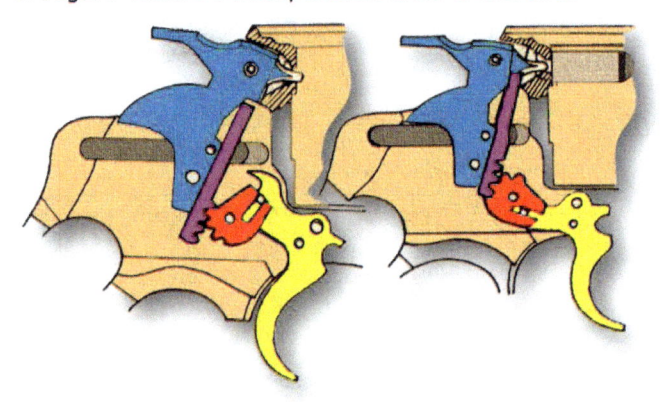

TECNICAS Y PROCEDIMIENTOS PROFESIONALES (I)

- **Seguro de corredera.**

La parte superior de la corredera presenta un pequeño saliente o meseta que coincide y al que se superpone el saliente inferior del martillo. Con el arma en reposo se encuentran en contacto, impidiendo que el martillo avance y golpee el yunque de la aguja.

- **Seguro excéntrico.**

Dispositivo de seguridad empleado en algunos revólveres, que debido a la excentricidad del eje de giro del martillo impide que éste se encuentre enfrentado a la aguja percutora, mientras el martillo está en reposo, con lo que se hace imposible un disparo accidental.

- **Seguro de acerrojamiento incompleto del cilindro**.

Funciona cuando el cilindro no está alojado completamente en su sitio, con lo cual el bulón de apertura no retrocede presionado por el eje del cilindro. De esta forma, el martillo no puede montarse, ya que se lo impide un saliente situado en la parte trasera.

2.6.2.b Escopeta de émbolo 12/70.

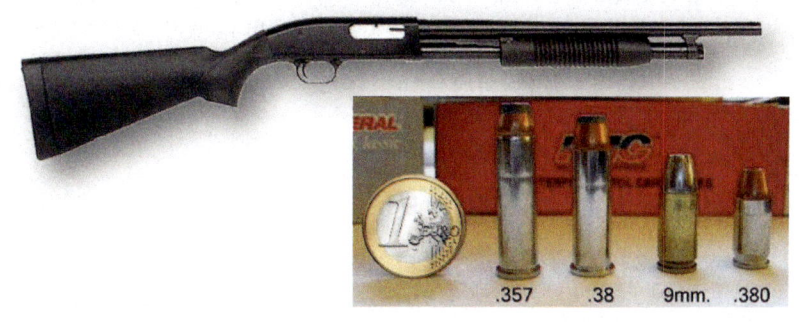

Cuando esté dispuesto el uso de armas largas, utilizarán la **escopeta de repetición del calibre 12/70**, con cartuchos de 12 postas comprendidos en un taco contenedor.

- Es el arma reglamentaria del Vigilante de Seguridad, cuando realiza labores de custodia y transporte de fondos, estando asignada al vehículo de transporte.

- Este arma ofensiva y defensiva de primer orden, se lleva utilizando desde finales del siglo XIX por multitud de cuerpos policiales y militares.

▶ Cañón.

Es de ánima lisa (aunque existen modelos con cañones intercambiables de ánima estriada.), cromado interiormente y pavonado exteriormente. Sus partes son:

- **Culata de cañón.**
- **Recámara. (de 70 mm.)**
- **Punto de mira.**
- **Anillo de fijación.**

▶ Depósito de municiones.

Es un tubo bajo el cañón, enroscado a la carcasa, en cuyo interior aloja un muelle cilíndrico, pudiendo portar cinco cartuchos de 70 mm. de longitud, son sus componentes:

- **Tapón de desarme.**
- **Muelle impulsor.**

▶ Guardamanos.

Pieza que recubre y discurre a lo largo del depósito de municiones, el cual le sirve de guía. Está fabricado en madera revestido de un barniz protector en negro, unido a él está el asta de armamento.

▶ Carcasa.

Es la parte donde están contenidos los mecanismos de disparo, seguro y cierre, en ella se encuentran:

- **Cerrojo.**
- **Carro de cierre.**
- **Mecanismos de disparo.**
- **Guardamontes.**
- **Seguro automático.**
- **Seguro manual.**

TECNICAS Y PROCEDIMIENTOS PROFESIONALES (I)

▶ **Culata.**

Suele estar fabricada en madera y protegida con barniz negro, posee una pieza de goma en la parte trasera denominada "cantonera" y con forma anatómica en la delantera, llamada garganta. Sus partes son:

- **Pistolet.**
- **Garganta.**
- **Cantonera. Ayuda a evitar los efectos del retroceso.**

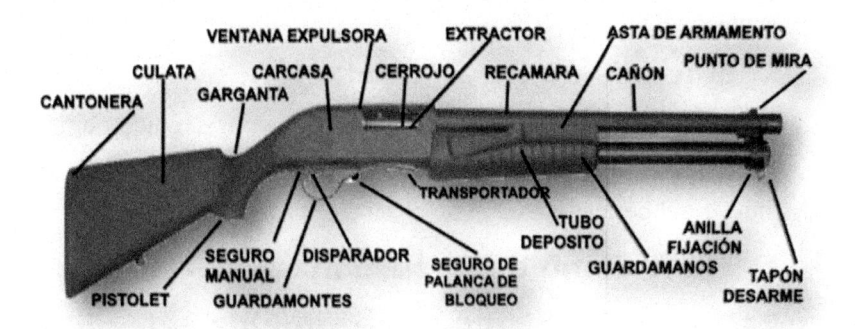

▶ **Sistemas y mecanismos.**

- **Mecanismo de cierre.**

    Está constituido por las siguientes piezas:

    - **Cerrojo.**
    - **Grapón.**
    - **Carro.**
    - **Culata del cañón.**
    - **Asta de armamento.**

Este conjunto produce el bloqueo del cerrojo antes del disparo, encastrando el grapón en la culata del cañón, haciendo solidarias las piezas cerrojo-grapón-culata del cañón.

▶ **Grupo de acerrojamiento.**

Se encuentra formando parte del mecanismo de cierre y está formado por:

- **Cerrojo.**
- **Grapón.**
- **Carro.**
- **Aguja percutora.**
- **Extractor.**

- Muelle percutor.
- Pasador del percutor.
- Muelle del extractor.
- Pitón del extractor.
- Pasador del extractor.

▶ Mecanismo de extracción-expulsión.

Tiene por misión, al tirar de lacorredera, extraer el cartucho disparado de la recámara; al hacerlo desbloqueamos el arma, desplazamos el cerrojo y la uña extractora engancha el cartucho, expulsándolo.

▶ Mecanismo de alimentación.

Todo cartucho introducido en el depósito queda retenido por la leva de cierre. Cuando tiramos de la corredera, el asta de armamento unida a ella, abre la leva de cierre, con lo que impulsado por el muelle del depósito es subido a la recámara por el elevador.

▶ Mecanismo de seguro manual.

Es el mecanismo que impide el disparo cuando voluntariamente actuamos en él. Tiene dos posiciones:

- ✓ Posición "F", se puede hacer fuego, la pieza desplazada a la izquierda, muestra el color rojo.
- ✓ Posición "S", posición de seguro no podemos disparar, pieza desplazada a la derecha, muestra el color azul.

2.6.2.c Manejo apropiado de las armas:

No olvide que las armas de fuego utilizan como fuerza motriz la fuerza expansiva de los gases producidos por la deflagración de la pólvora, en las que se libera un proyectil y que viaja a través de un cañón.

- **La posición:**

    Como principios básicos para ejecutar un buen disparo obtendremos una mayor movilidad y estabilidad a la vez que reduce la figura se deberá adoptar una buena posición, normalmente de pie, con las piernas ligeramente separadas, las rodillas semi-flexionadaslos y el cuerpo de perfil al blanco

- **Empuñadura:**

    Las armas están diseñadas para sostener una empuñadura cómoda y anatómica acorde con sus manos y cuerpo. De sentir

TECNICAS Y PROCEDIMIENTOS PROFESIONALES (I)

algún tipo de incomodidad al empuñar el arma, revise su equipo y posición, seguramente está haciendo algo mal.

- ### Respiración:

  Al momento de inhalar y exhalar, el tórax se mueve ligeramente haciendo que su arma oscile hacia arriba y hacia abajo, esto causa que su disparos impacten sobre o debajo de su objetivo. Para disminuir este efecto realice una o dos inhalaciones profundas antes de disparar, oxigenando así los músculos y logrando hacer las siguientes respiraciones más leves; evite siempre contener la respiración pues lo único que logrará es que sus músculos también tiemblen a causa de la falta de oxigeno.

- ### Alineación de Miras:

  Es mantener correctamente alineadas sus miras manteniendo dos principios; no fije su vista en el objetivo y concéntrese en las miras mientras tira del disparador hacia atrás.

- ### Presión en el Disparador:

  Mientras mantiene su vista en las miras de su arma, se coloca la primera falange del dedo índice sobre el disparador y se ejerce una presión continua a velocidad moderada, si tira demasiado rápido sus disparos impactaran a los lados del objetivo; si tarda mucho tiempo su dedo en el disparador, sus manos se tensarán por cansancio haciendo temblar el arma, pero si dispara demasiado rápido su dedo, impactará en los costados del objetivo.

- **Manejo básico de su arma:**

    - Considere siempre cualquier arma como si estuviera cargada.
    - Asegúrese de conocer su operación y respectiva munición.
    - No realice movimientos u operaciones innecesarias hasta el momento que lo requiera.
    - Mantenga su arma descargada cuando no la esté utilizando.
    - Mantenga sus dedos alejados del cañón y del cerrojo.
    - Debe tener el dedo separado del disparador, hasta el momento en que va a disparar.
    - Nunca dispare hacia superficies sólidas, el aire o el agua.
    - Revise su arma completamente al recibirla.

- **Manejo preventivo del arma:**
    - Nunca guarde su arma con el martillo o aguja en posición de disparo.
    - Asegúrese que los accesorios no afecten el correcto funcionamiento del arma, y que sean compatibles.
    - No permita que su arma sea manipulada por personas extrañas, niños y personas incapaces.
    - Reciba y entregue su arma siempre descargada, mostrando su recámara vacía.
    - Nunca intente limpiar su arma ni siquiera superficialmente, si esta se encuentre cargada.
    - Apunte su arma siempre hacia una dirección segura.
    - Verifique su objetivo y lo que está detrás del mismo.

- **Manejo del arma en la galeria de tiro:**
    - Se acatarán las indicaciones del Instructor siempre.
    - No manipular armas en la línea de tiro; hasta que el instructor se lo indique.
    - El tirador no puede volverse hacia los lados con el arma apuntando.
    - No hablar; solamente en caso necesario.
    - Si tiene duda levante la mano.
    - Entre y salga únicamente por las áreas designadas.
    - En caso de incidente asegure su arma y espere instrucciones.
    - Es de carácter obligatorio el uso de protectores de ojos y oídos.

2.6.2.d Medidas de seguridad generales.

- **Secreto profesional:**
    - De la actividad profesional.
    - De los clientes cuyos bienes se protege.

- **Cumplir estrictamente:**
    - Las normas.
    - Los protocolos.

TECNICAS Y PROCEDIMIENTOS PROFESIONALES (I)

- **Vigilancia y atención:**
    - Huir de las rutinas.
    - Huir de las confianzas.
    - Máxima precaución.

2.6.3 Actuación de la delincuencia sobre estos transportes:

2.6.3.a Delincuencia organizada.

Asociación de delincuentes con una estructura jerarquizada, que se mantiene durante largos periodos de tiempo realizando determinados actos delictivos.

2.6.3.b Características y forma de actuación

- Conseguir financiación.
- Reclutar personas dispuestas a delinquir.
- Abastecimiento de equipos y medios.
- Convertir el dinero en bienes de consumo.
- Neutralizar las acciones policiales, jurídicas y políticas (Sobornos, Coacción, ETC).

- Pluralidad de delincuentes.
- Establecimiento de códigos de conducta interna.

- Estructura piramidal con división de funciones.
- Utilización de la violencia.
- Interconexión con otras bandas.
- Gran peligrosidad.
- Abundancia de medios.
- Número de personas elevado.

2.6.4 grupos terroristas.

El **terrorismo** es el uso sistemático del terror, para coaccionar a sociedades o gobiernos.

2.6.4.a Métodos:

Desde el punto de vista metodológico, se puede considerar terrorista al grupo que perpetre secuestros, atentados con bombas, asesinatos, amenazas y coacciones de manera sistemática. Técnicamente, esos actos están destinados a producir terror en la población enemiga y se definen sin duda como terroristas. En sentido neutro, el término es empleado a menudo por la prensa para designar a los grupos que ejecutan esa metodología

2.6.4.b Características:

- Organización Jerarquizada.
- Mayormente Organizada en células.
- Imprevisible en sus actos.
- Acciones con exceso de violencia.

TECNICAS Y PROCEDIMIENTOS PROFESIONALES (I)

- Estrategas: desvía la mirada de la población a un punto, que no es el objetivo principal.
- Motivaciones ideológicas.
- Ante el acorralamiento no dudan en tomar rehenes.
- Roban para financiar sus organizaciones.

2.6.5 El robo en centros de depósito y el asalto a vehículos de transportes.

- **El delincuente necesita obtener información....**

    Observación directa y vigilancias que generalmente se consiguen por:

    - Personas de la propia empresa de seguridad.
    - Personas vinculadas con los clientes.

- **¿Que estudia un delincuente?**

    - Orografía.
    - Rutinas.
    - Descuidos.
    - Negligencias.
    - Conductas dentro del contexto laboral.

- **Tener en cuenta...**

    La observación abarca todo el recorrido, desde el inicio del servicio hasta su llegada a la base, utilizando para ello diferentes vehículos y personas...

    - Cargas y descargas.
    - Clientes.
    - Horarios.
    - Costumbres.
    - Frecuencia de las entregas.
    - Cantidades aproximadas que se transportan.

- **Ejecución del atraco**
  - Sigue una programación que se ha ensayado.
  - La primera acción busca evitar la defensa.
  - (Mucha Violencia)
  - La descarga del valor.
  - La huida previamente estudiada.

2.7 La conducta humana ante situaciones de emergencia.

En general, cuando el individuo se ve inmerso en una situación de **emergencia**, siente miedo de responsabilizarse de sus actos, de tomar decisiones, y tiende de una manera instintiva a refugiarse en el grupo. A mayor peligro, mayor necesidad de que el grupo sea lo más numeroso posible, pero cuando se trata de un vigilante de seguridad, al igual que si se tratara de un Policía, los ciudadanos le asignaran la condición de líder, demandándole responsabilidad y soluciones a sus desgracias.

2.7.1 Principales factores psicofisiológicos:

Los principales factores psicofisiológicos que intervienen en las reacciones individuales ante las situaciones críticas son:

- **Personalidad**

  El cómo una persona está constituida, a nivel de estructura o rasgo de personalidad, determina un grado de predictibilidad en

TECNICAS Y PROCEDIMIENTOS PROFESIONALES (I)

las reacciones personales. Se destacan **tres rasgos de personalidad que deben tenerse en cuenta** por la reacción que pueden tener ante situaciones de emergencia:

- ### Histérico:

Este rasgo se caracteriza por producir conductas escandalosas, exageradas, infantiles y primitivas. **Su nocividad reside en el riesgo de contagio que hacia los demás posee.**

Se reconoce por la hipercoloración de la piel del rostro, una gesticulación exagerada, verborrea, distonía en la emisión de la voz (aparecen chillidos y susurros de manera alternativa) y agitación o parálisis absoluta.

Estas conductas deben intentar evitarse aislando al sujeto (que no tenga espectadores y posibilidad de contagio) o administrando un estímulo fuerte, que perciba que no es el foco de atención.

- ### Depresivo:

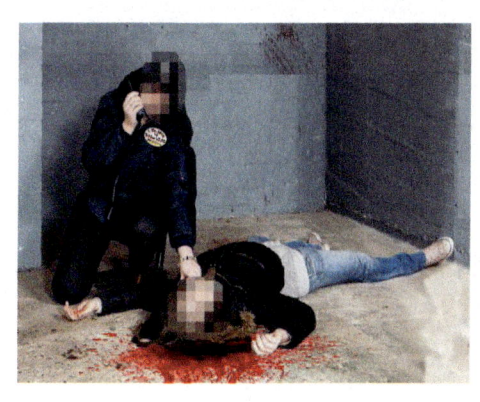

Presenta **conductas pesimistas y desmoralizantes para sí mismo y para otros**. La nocividad es el riesgo de las conductas suicidas (explícitas e implícitas) como única vía, pudiendo sugestionar a otros.

Se reconoce **por su motricidad lenta, conductas apáticas, poca gesticulación, susurros y gimoteos.**

La forma de evitarlo es prestarle gran apoyo, transmitiendo ideas de seguridad.

- ### Obsesivo:

Es de **ideas fijas e irrechazables**. **Su nocividad en situaciones críticas depende de la idea que presente (de salvación o destrucción)**, aunque pueden ser útiles para tareas organizativas de evacuación o peligrosas, puesto que pueden volver a entrar al lugar del siniestro.

2.7.2 Otros factores psicofisiológicos que intervienen en las reacciones ante situaciones críticas:

Personalidad. Nivel de formación. Sexo. Edad.

Condiciones físicas. Apoyo emocional. Tolerancia a la frustración.

2.7.3 Comportamiento del vigilante ante un atraco

- **Serenidad:**

  Mantenga la calma, lo ideal sería que los vigilantes de seguridad también fueran capaces de calibrar a primera vista la peligrosidad y el miedo del asaltante.

- **Usted lleva uniforme:**

  Sus actos serán muy visibles, trate de No despertar la desconfianza del atracador.

- **Colaborar.**

  Sigue las instrucciones del/los atracadores.

- **No oponer resistencia.**

  Piensa que el dinero no es tuyo, solamente la vida es irrepetible.

- **Negociación con el delincuente.**

  En los términos de "No me agredas y yo colaboro contigo".

- **Armas:**

  Utiliza los sistemas de seguridad (ARMAS), únicamente, si tu vida o la de terceras personas no corren peligro.

Bibliografía:

Fuentes y referencias

Documentación propia, elaborada por el experto en seguridad y coautor del presente documento Director de Seguridad, Inspector de seguridad privada y profesor de seguridad homologado por el Ministerio del Interior Orlando R. Socorro.

Datos, experiencia y documentos, perteneciente al experto en seguridad y coautor del presente Manual, Subinspector de Policía Nacional, instructor internacional y profesor homologado por el Ministerio del Interior Indalecio S. Santana.

REAL DECRETO 393/2007, de 23 de marzo, por el que se aprueba la Norma Básica de Autoprotección de los centros, establecimientos y dependencias dedicados a actividades que puedan dar origen a situaciones de emergencia.

Manual de Conocimientos Básicos de la Función Policial, Secretaría de Seguridad Pública. Secretariado Ejecutivo del Sistema Nacional de Seguridad Pública. Colegio Estatal de Seguridad Pública Morelos, 2004. página 39. Police Student´s Guide. Arrest Processing. New York Police Department. 2005

Manual de Conocimientos Básicos de la Función Policial, Secretaría de Seguridad Pública. Secretariado Ejecutivo del Sistema Nacional de Seguridad Pública. Colegio Estatal de Seguridad Pública Morelos, 2004. página 39. Police Student´s Guide. Arrest Processing. New York Police Department. 2005.

R.D. 2364/1994, por el que se aprueba el Reglamento de seguridad privada

Orden INT/314/2011, de 1 de febrero, sobre empresas de seguridad privad.

Disposición 11 de la O.M. de 23/04/1.997. "Los vehículos de transporte y distribución de fondos, valores y objetos valiosos".

Baro Catafau, Teresa, Manual de la comunicación personal de éxito: saber ser, saber actuar, saber comunicarse, Ed.Paidós Ibérica, 2015 - CASTANYER, OLGA,

Las crisis emocionales: La inteligencia aplicada a situaciones límites, Amat Editorial, 2014 - CONANGLA, M. MERCÉ;

DAVIS, FLORA, La comunicación no verbal, Alianza Editorial, 2010 –

GOLEMAN, DANIEL, Inteligencia emocional, Ed. Kairos, 2000 - MCKAY, MATTHEW;

DAVI, MARTHA, Los secretos de la comunicación personal, Ed. Paidós Ibérica, 2011

Athens, L. H. (2017). The creation of dangerous violent criminals (2ª ed.). Londres: Routledge.

Printed in Great Britain
by Amazon